ハーモニー探究の歴史

思想としての和声理論

編 西田紘子
　 安川智子

　 大愛崇晴
　 関本菜穂子
　 日比美和子

音楽之友社

凡　例

- 音名については、基本的にイタリア語音名（ドレミファソラシド）で記し、必要に応じて各国語での表記もあわせて用いた。
- ♭や♯などの臨時記号は、ミ♭のように、音名の右側につけた。
- 音階の度数はローマ数字（I 度、V 度など）で、音程を表す場合はアラビア数字（4 度、5 度など）を用いた。詳細は序章を参照のこと。
- 引用文はすべて、各章の執筆者があらたに訳した。
- 引用文中の訳注は、〔　〕で示した。
- 原著者による強調はゴシック体で、各章執筆者による強調は傍点をつけて記した。
- 文献の出典情報は（著者［初版年］出版年，頁数）で本文中に略記した。同じ文献が続くさいは、適宜、著者と出版年を省略して（*Ibid.*, 頁数）と表記した。文献情報は各章末に引用文献として掲載した。
- 下記以外の譜例・図は本書のためにあらたに書き起こした。そのさい、明らかな誤植は修正した。

　　譜例：115 頁（譜例 4）
　　図：30 頁（図 1）、36 頁（図 3、4）、37 頁（図 5）、40 頁（図 6）

なお、執筆分担は下記のとおりである。
　はじめに、コーヒーブレイク、おわりに…西田紘子・安川智子
　序章…構成：西田紘子・安川智子、文責：安川智子
　第 1 章…大愛崇晴
　第 2 章…関本菜穂子
　第 3 章、第 5 章…安川智子
　第 4 章、第 6 章、第 7 章…西田紘子
　第 8 章…日比美和子

はじめに
―― 思想としての和声理論 ――

本書の構成と趣旨

　近年、音楽大学だけではなく、一般大学の学生の皆さんや音楽愛好家の方たちの間でも、音楽のしくみを、より根源から理解したいという欲求が高まっています。本書はそうした声に答える目的で執筆されました。音楽のしくみとは、作曲の方法とも少し異なります。音楽がなぜ音楽――「作品」と言い換えてもよいでしょう――としてなりたつのか、なぜ私たちはそれを音楽として聴くのか、こうした疑問を抱くのは、もちろん私たちが初めてではありません。しかし今もなお、この問いに対する明解な回答は与えられていません。なぜなら、回答はひとつではないからです。

　たとえば「この作品はホ長調で、この和音は属七の和音である」という文章があったとします。和声法を知らない人は「属七とは何だろう」と思うでしょう。しかし和声法を学んだ人のなかには、これを「自明のこと」としてとらえ、そうではない理解を「間違い」と断罪する人もいるでしょう。音楽の鳴り響きが「属七の和音」として聴こえてくることは、聴く人が受けた教育や、思考傾向によるものです。音楽がどのように聴こえるかについて言葉や記号で表す方法は、人の数だけあってよいはずです。しかし19世紀以降の西洋における音楽教育（音楽院・音楽大学における専門教育や、学校における公教育）は、この理解の方法について「正解」を定め、それに基づいて人々の聴き方を固定化しようとしてきました。その一例が、「楽典」や「和声法」と呼ばれる領域だと考えることができます。もともと、この定められた方法に思考法がそぐわない人は、「音楽は難しい」といって、古典的な音楽を敬遠するようになります。しかし、音楽の在り方や理解の仕方に唯一の答えはありません。あるのは、その音楽をどう理解しようとしたか、という先人たちの無数の考え方の歴史です。本書

が目指すのは、この先人たちの考え方のなかから多くの人に影響を与えたいくつかのモデルを提示し、ときには矛盾する複数の理論が並存している状況を知っていただくことです。くり返しになりますが、そこにひとつの正解はないのです。

　なかでも私たちが対象とするのは「和声」という現象です。今日、日本ではドイツから輸入された機能和声法や、フランス式の数字付き和声表記法、そして主にポピュラーやジャズ領域の人が馴染んでいる英語によるコード表記などが入り乱れています。各人が馴染む和声法を海外からとり入れた結果、このような混沌とした状況に陥ってしまいました。しかし和声とは記号で片付けられる問題ではありません。音が同時に鳴るときの協和、不協和という現象、それが連続したときの響きの変化が人間の感覚に及ぼす効果、これこそが、音楽のもっとも神秘的な現象である「和声」です。作曲や演奏に携わる人だけではなく、多くの思想家や科学者、数学者や哲学者、あるいは人類学者たちが、音楽に取り組み続けてきたのは、人間にとって欠かすことのできないこの和声の神秘を解き明かしたいと考えたからでしょう。

　本書には通常の音楽理論入門書や和声の教科書、あるいは楽典のように、覚えるべき事柄が書いてあるわけではありません。和声理論をとおして、人間が音楽に何を求めてきたのかを綴っています。執筆者はひとつの思考に偏ることがないよう、イタリア、フランス、ドイツ、アメリカと、異なる地域と時代を専門的に学んだメンバー5名から構成され、対話を重ねています。また、とりわけ音楽が、音楽を職業にする人たちのなかでしか通じない専門用語や記号に埋もれてしまうことがないよう、和声についての考え方を、誰にでも理解できる思想として語るよう意識しました。結果として、各章は和声論の歴史に足跡を残した重要な理論家・思想家と、その時代の考え方、そして他分野の人たちとの交流の軌跡を扱うこととなりました。和声理論を学びたいと思った読者の方々にとって、覚えるべき規則や記号に取り組むよりも前に、その考え方のパターンを知ることが、音楽の神秘への近道となることを願います。

目　次

凡例 ……………………………………………………………………………………… 2
はじめに──思想としての和声理論 ……………………………………………… 3

序章　ハーモニーの範囲と方法 ………………………………………………… 7
　1.　3つの大きな関心事 ………………………………………………………… 8
　2.　基本的な用語について …………………………………………………… 12
　3.　主要な理論家と本書の構成 ……………………………………………… 24

第1章　数と協和音──初期近代の音楽理論におけるピュタゴラス派の伝統 …… 28
　1.　ザルリーノ ………………………………………………………………… 29
　2.　デカルト …………………………………………………………………… 38

第2章　自然と音楽──和声を科学的に説明する …………………………… 48
　1.　ラモーの飽くなき夢 ……………………………………………………… 49
　2.　数比から協和音程を説明できるか？ …………………………………… 56
　3.　和声の物理学的基礎づけのさまざまな試み …………………………… 59
　◆コーヒーブレイク Vol. 1──和声は科学？哲学？それとも音楽？ ………… 67

第3章　科学から教育へ──整理されゆく和声理論 ………………………… 68
　1.　教育としての和声法とフランスの特殊性 ……………………………… 69
　2.　歴史化される和声 ………………………………………………………… 75
　3.　フェティスと調性概念 …………………………………………………… 80

第4章　響きを想像する──調的機能と近親関係論 ………………………… 87
　1.　和音にはそれぞれの役割がある ………………………………………… 88
　2.　「進行」と「転換」による和声進行の分類学 ………………………… 93
　3.　和声二元論の展開 ………………………………………………………… 98
　◆コーヒーブレイク Vol. 2──日本で学ばれている和声法はどんなもの？ …… 105

第5章　耳を変える──音楽聴の変化が和声理論にもたらしたもの……… 107
　　1．リーマンの理論への反応 ……………………………………… 108
　　2．音感覚とイメージ ……………………………………………… 114
　　3．旋法和声の系譜 ………………………………………………… 116

第6章　音が意志をもつ──楽曲に共通する原型 ……………………… 126
　　1．音は生き物である ……………………………………………… 128
　　2．音は概念上は持続している …………………………………… 130
　　3．自然倍音列と芸術家 …………………………………………… 136
　　◆コーヒーブレイク Vol. 3──ところ変われば和声理論も変わる？ ……… 144

第7章　音楽は進歩する──不協和音の解放 …………………………… 145
　　1．「和音」なのか「非和声音」なのか …………………………… 147
　　2．ひとつの楽曲にはひとつの調性しかない …………………… 150
　　3．音楽も和声理論も進歩する …………………………………… 155

第8章　音を秩序づける──ポスト調性時代のハーモニー …………… 163
　　1．ポスト調性理論誕生の背景とアメリカの特殊性 …………… 164
　　2．音楽に数学的な秩序を見出す ………………………………… 166
　　3．音程に基づく秩序を音楽に見出す …………………………… 168
　　4．ポスト調性音楽の「ハーモニー」 …………………………… 175
　　5．音楽現象に着目した理論の追究 ……………………………… 177
　　6．ポスト調性理論を支えたもの ………………………………… 178

おわりに──和声理論からみえてくるもの …………………………… 182

謝辞 ……………………………………………………………………… 183
人名索引 ………………………………………………………………… 184
事項索引 ………………………………………………………………… 187
著者紹介

序章

ハーモニーの範囲と方法

　ハーモニー探究の歴史は、人間の歴史とも重なります。ジョーゼフ・ジョルダーニアは、複数の声部（を同時に歌うこと）を意味するポリフォニーの起源が、人類の生存戦略と直接的にかかわっていると述べました（ジョルダーニア 2017）。ハーモニーは日本語で「和声」と訳されます。つまり、「声を和する」こと。ハーモニーの語源となったギリシャ語の「ハルモニア」は、「調和」という根源的な意味［→第 1 章］のほかにも、古代ギリシャの各種族（ドーリオス、プリュギオスなど）と結びついた音階、およびその特徴といった意味で用いられることもありました。人間の文化的営みの歴史を古代ギリシャから語り始める習慣は、今日では広く定着しています。本書もその例にもれず、ハーモニーの意味を広くとり、古代ギリシャから探究の旅を始めたいと思います。

　それに先立ち、この序章では、いくつかの前提、すなわち私たち書き手と読者の皆さんとの間のお約束を確認しておかなくてはなりません。「ハルモニア」が種族の違いを反映していたように、ハーモニー探究の歴史も、どの立ち位置から眺めるかによって、異なるものになるからです。私たち執筆者は全員が、西洋の音楽を研究対象としています。そのため、本書が探究するのも、西洋音楽のハーモニーです。フランスの教育者、理論家であるジャック・シャイエは、「音楽理論と呼ばれる教科書は、しばしばソルフェージュ〔音楽の実践的基礎。楽譜を見て音を読んだり歌ったりすること〕のレシピ集でしかない。ソルフェージュそのものは、ほとんど記号の理論しか含んでいない」と述べています（Chailley [1967] 2003, 7）。音楽理論が記号の理論になっている、というこの状況は、音楽理論を和声理論に置き換えても同じことが言えます。今日、日本では、和声という言葉によって、実際は「和声法」を意味することが多くなっています。和声理

論が、いわば和声の起源や成り立ちについて、当時の科学的方法に基づき論理づけしたものだとするならば、和声法とは、和声を実践するための方法論であり、マニュアルです。すなわち和声理論が和声法にすり替わることによって、和声理論もやはり、一種の記号理論（記号体系に基づく理論）になっているのです。本書はできる限りその記号理論に偏ることなく、人間がハーモニーをなぜ、どのように理解しようとしてきたのか、を解き明かしたいと願っていますが、裏を返せばそれは、なぜ西洋人たちが今のような記号理論にいたったのか、そしてなぜ私たち日本人がその記号理論を導入するのか、という問題を考えるということでもあります。したがって、本書を読むうえで最低限必要な、音楽の基礎にかんする西洋人たちの考え方を、ここで確認しておきましょう。

1. 3つの大きな関心事

　本書はときに各時代、各理論の細部にまで入っていきますが、どの時代にも共通する大きな関心事があります。これは日本人にとってはそれほど重要なことではないかもしれませんが、西洋人と音楽のかかわりのなかでは無視することのできない問題ということになります。それが「協和と不協和」の問題、「自然倍音」の問題、「静止した音響か、進んでいくエネルギーか」という問題です。ひとつずつ説明しましょう。

　「協和」の探究は、ハーモニーにとってもっとも根源的なものであり、かつ普遍的な問題です。協和とは、2人以上の声や2つ以上の音が、「よく調和して響く」ことを意味します。そもそも、この「調和して響く」瞬間があることを経験し、その経験を数比によって説明できるという発見をしたところから［→第1章］、ハーモニーもしくは音楽の科学は始まりました。しかし今日の和声法では、「協和音程」あるいは「協和音」という言葉が混乱を呼んでいます。音程とは、「2つの音の高さの隔たり」を指して用いられている言葉です。つまり2つの音がよく調和していれば、その2音の隔たりを「協和音程」と言います。協和が、そもそも人間の経験や耳の感覚に依存した概念であるため、協和と不協和の境界線は、時代によって変わります。しかし協和音程と不協和音程の交替が、音楽を前に進

める重要な動力となることから、和声を演奏や作曲の基礎として学んだり教えたりするなかで、人々はしだいに協和音程と不協和音程を具体的に分類するようになりました。

すでに現代の私たちの耳の感覚と乖離しているにもかかわらず、この分類が今日でも、「覚えるべきことがら」のように残っています。たとえば音楽大学を受験するさいに教科書のように用いられてきた『楽典 理論と実習』（音楽之友社）では、完全協和音程（完全1度、完全8度、完全5度、完全4度）、不完全協和音程（長3度、短3度、短6度、長6度）、不協和音程（それ以外のすべての音程）と分類されています。この分類は、最新の『広辞苑』第7版の「協和音程」の項目でも、「西洋では」との限定つきで踏襲されています。日本語では、「度」という言葉を、温度や角度を表すために用いますが、音程を表すときにも、この「度」という単位を使います。音程の数え方、表し方についてはのちほど説明しましょう。

一方「協和音」とは、今日「協和する和音」を意味する言葉です。「和音」とは、2つ以上の音が重なり合ってできる合成音のことです（近代以降の和声理論では、3つ以上の音が同時に鳴ることを和音の条件とする考え方も広まりますが、本書では本来の語義にしたがいます）。3つ以上の音が重なる和音になると、協和と不協和の区別は一層難しくなります。それでも各時代の事情に合わせて、和音を協和と不協和に分類しようとするところから、さらなる混乱が生まれます。協和と不協和の境界がどこにあるかについては、絶対の決まりはありません。本書ではまずこの点を頭に入れて、読み進めていただきたいと思います。

次に重要な問題は、この協和音の根拠として登場する「自然倍音」です。本書では、自然の共鳴、上方共鳴という言葉でも表現されています。シャイエの説明を借りれば、共鳴（resonance）とは、弦を振動させたときに、その近くに別の弦を置くと、その弦もともに振動する状態のことを言います。一方で今日、倍音と訳される "harmonic(s)" という語はもともと、1本の弦を調和（harmonic）分割［→第1章］したときの音程と一致する音のことを指していました。このように、共鳴と倍音は別々の現象を意味する言葉でしたが、この2つの現象がある時期から同一視されるようになり、以後、混同されるようになります。その時期とは、ジョゼフ・ソ

ヴールが登場した18世紀の初頭です［→第2章］。弦の長さの比が単純であるほど、協和する音程が生まれるというのは古代から伝えられた知識でしたが、この数学的な説明に、「振動数を計る」という物理学的手法が組み合わされたことから、私たちの知る「自然倍音列」にかんする知識が発展していきます。すなわち、空気の振動数の比と弦の長さの比はちょうど反転した関係で、ともに協和音程を説明することができると分かったのです。たとえば弦の長さを$\frac{1}{2}$にすると、振動数は2倍となり、もとの弦が出す音の、1オクターヴ（完全8度）高い音を示すことができます。

　音楽（あるいは協和）を数学だけではなく物理学的に説明するという、非常に大きな転換を音楽理論にとり入れたのが、有名なジャン＝フィリップ・ラモーです。ラモーはルネ・デカルト、マラン・メルセンヌ、ソヴールらの理論から影響を受けて、1本の弦の振動に長三和音が含まれていることを論じました［→第2章］。つまり1本の弦を振動させてひとつの音を鳴らしたときに、自然現象として同時にいくつもの倍音（部分音とも言います）が鳴ることから、基音（最初に鳴らした音）と各部分音は「協和」しているという論理が組み立てられたのです。今日でもさまざまなところで目にすることのできる、「自然倍音列」の表は、一番低い音（基音）と倍音（部分音）を、振動数の小さい順に楽譜に示したものです（譜例1）。倍音は、1と書かれた基音に対して整数倍の振動数をもち、たとえば2という数字のついた第2倍音ドの振動数は、基音のそれの2倍となります。

※黒音符は近似音

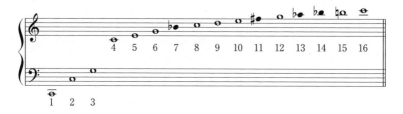

譜例1　自然倍音列

和声理論の混乱は、ここから始まったと言ってもよいでしょう。自然倍音による協和音の説明の論理が組み立てられる前に、音楽の実践ではラモー以前から、長三和音と短三和音を対称的にとらえる傾向が生まれていました［→第1章］。上記の自然倍音列の1～5の音を重ねると「ドミソ」の和音が生まれ、これは音楽の実践でもっとも基本的な和音とされている「長三和音」と一致します。一方で「ドミソ」のミの音を半音ぶん低くすると、「ドミ♭ソ」という短三和音になります[1]。こちらも長三和音に次いで音楽において多用されますが、この「ミ♭」の音と、基音となる「ド」の振動数比は単純ではなく、譜例1に示した自然倍音列のなかにも「ミ♭」の音は見出せません。この矛盾に気づいたあとですら、自然倍音列は音楽家たちにとってとても重要な根拠であり続けました。すなわち、19世紀が進んでいくにつれて、自然倍音列の高音（譜例1の右側）に位置する音を順次、積極的に「協和」にとり込むことで、「不協和」との境界線をしだいに右へ右へと移動させていったのです［→第5章］。たとえば第2章で登場するラモーにとって、和声と関連づけられるのは、第5倍音まででした。しかし19世紀になると、第7倍音、第9倍音までも「協和」の範囲に含める人が現れるようになります。

　さて、すでに専門用語を用いずに説明を続けることが困難になってきましたので、3つの関心事の最後のひとつ「静止した音響か、進んでいくエネルギーか」については、簡単に述べておきましょう。ここまで、「和声」を協和の問題と結びつけ、つねに静止したまま変化しない音響として考えてきました。しかし音楽とは時間とともに動いていくものであり、結果として和声も動き変化していくものでなければなりません。この和声における次の音へ進もうとする力、専門的な言葉で言えば和音の「進行」を理論的にも考慮し始めたのが、やはりラモーの時代からです。というのも、ラモー以前はつねに旋律を中心に和声的現象を理解しており、そもそも旋律は時間とともに進んでいくものですから、和声は複数の旋律が重ね合わさることによって付随的に進行するものと、とらえられていました。旋律を

---

1) フラット（♭）は音を半音低くする記号、シャープ（♯）は音を半音高くする記号。半音については後述する。長三和音と短三和音については本章第2節（2-3）を参照。

重ねていくことによるこのような和声は、「対位法」として、15世紀にはすでに確立されていた作曲法でした［→第1章］。ラモーの理論においては、作曲家としての対位法の感覚、クラヴサン（鍵盤楽器の一種。チェンバロと同義）を演奏する演奏家の感覚、そして数学や物理学をとり入れた理論家としての「協和」の解明がひとつに合流したのだと言えます。19世紀になると、和音それ自体がどのように進行していくか、という和声理論が主流となりました。和音として進行を考えたときに、その動的エネルギーは、すでに触れたように、協和音と不協和音の交替にまず現れます。これが、「カデンツ（終止形）」と今日一般にも呼ばれる進行の型を生み出し、「調性」の理論が発展しました［→第3章］。その流れのいわばピークが、フーゴー・リーマンのいわゆる機能和声理論［→第4章］です。この理論は、長調と短調の2つの音階を基礎としてつくられた「調性音楽」と密接に関連しています。

　本書では、調性が行きわたる前の時代から、調性で音楽を考えなくなる時代まで対象に含めて、和声の歴史を辿っています。「調的和声」という言葉は基本的には長調と短調による調性音楽の和声一般を指しますが、調的和声のなかでもとりわけリーマン以後の和声を機能和声と呼ぶことがあります。一方で、調性にとらわれない無調音楽以後の和声を、調の概念でとらえる音楽家や理論家もいます［→第8章］。

　調と調性については、次節で説明しましょう。

2. 基本的な用語について

2-1. 音程と度

　音楽理論の基礎的な解説書は、今日、日本でも数多く出版されていますので、ここではそれらの内容をくり返しませんが、本書を読み進めるうえでどうしても必要な用語や、現代の一般的な決まりごとを確認しておきたいと思います。楽典や音楽理論の基礎知識がある方は、本節を読み飛ばしていただいて問題ありません。

　現代の音楽理論は、さまざまなことがピアノの鍵盤を基準に考えられています。ピアノの白鍵部分を順に鳴らしていくと、ドレミファソラシドレ

ミ…という音階が得られます。これがダイアトニック音階(全音階)と言われるもので、調性はこのダイアトニック音階を基本として組み立てられています。ダイアトニックのほかに、クロマティック(半音階的)、エンハーモニック(異名同音的)が、類(ジャンル)として存在しますが、ここではダイアトニック音階のみで説明をしていきます。

　各国語はそれぞれ、音の絶対的高さに対して名前をもっており、それらは音名と呼ばれます。日本語における「音名」は正確には「ハニホヘトイロハ…」であり、それとは別に、音階における相対的位置を示した「階名」として「ドレミファソラシド…」を使っています。イタリアやフランスでは、現在この区別はなく、音名も階名も「ドレミファソラシド」を使っています[2]。その影響か否か、日本でも、音名として「ドレミファソラシド」を使う人は少なくありません。本来ならば音名と階名は区別すべきですが、ここでは便宜上、「音名」もイタリア語の「ドレミファソラシド」を用いて説明します(表1)。

表1　音程と音名と音度

音程	1	2	3	4	5	6	7	8	9
音名(伊)	ド	レ	ミ	ファ	ソ	ラ	シ	ド	レ
音名(日)	ハ	ニ	ホ	ヘ	ト	イ	ロ	ハ	ニ
音階上の位置(音度)	I	II	III	IV	V	VI	VII	I	II

　音名でも階名でもダイアトニック音階においてまず大事なのは、隣り合う音と音の「音程」が、「ミーファ」と「シード」の間だけ、ほかの音程よりも半分狭いということです。そのため、「ミーファ」と「シード」の音程を半音、それ以外の音程を全音と呼びます。これは、ピアノの鍵盤を見ると簡単に分かります(図1)。ピアノには白鍵の間に黒鍵がありますが、「ミーファ」と「シード」の間にだけ、黒鍵がありません。現代のピアノは、1オクターヴ(たとえば低いドから高いドまでの間。振動数で言

---

　2)　ソは正確には「ソル(Sol)」。

えば 1 : 2 の関係にある音程) を均等に 12 分割した「12 等分平均律」で調律されており、白鍵と黒鍵をすべて含めて、隣り合う音どうしは半音の関係にあります。したがって、「ドレミファソラシド」というダイアトニック音階においては、黒鍵が間にない「ミーファ」と「シード」だけ、半音になるのです。

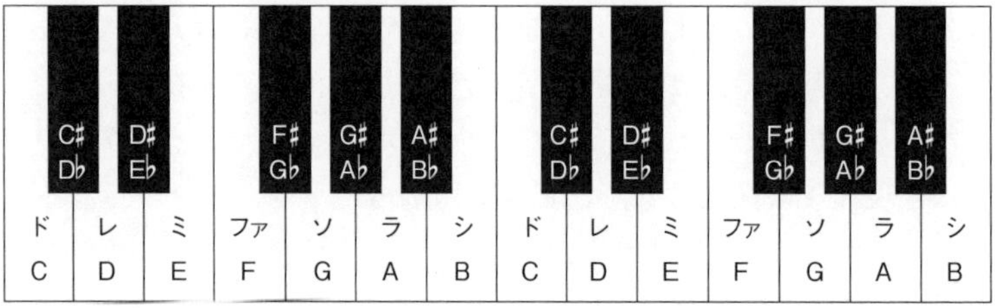

図1　鍵盤と音名（アルファベットは英語の音名）

　さて不思議なのは、このように実際の音程に違いがあるにもかかわらず、2つの音程を表すときには、表1のように、低い音（ド）からの距離を数えて、数字で表すことです。たとえばドとミの音程は3度であり、ドとファの音程は4度です。低いほうの音がたとえば「ミ」であれば、そこを1として、同じように数えましょう。「ミーソ」は3度です。したがって、「ド−レ」と「ミーファ」は、それぞれ「全音」と「半音」であるにもかかわらず、どちらも「2度」です。しかしそれではあんまりなので、細かい違いを、「完全」「長・短」「増・減」といった言葉をつけて表します。中世の初期ポリフォニーの時代には、「協和音程」といえばユニゾン（1度）とオクターヴ（8度）、そして5度と4度でした。したがって、「完全」をつけることができるのは、この4つの音程だけです（音程の完全性の証明については、第1章を参照）。それ以外の、2度、3度、6度、7度は、基本的には「長」か「短」をつけます。ちなみに、1オクターヴを超えた音程も、9度、10度と数えることができますが、リセットして、「1オクターヴと2度」などと呼ぶこともできます。

　完全や減、短、長、増といった言葉は、音程が半音ぶん広くなるごとに右側へ、半音ぶん狭くなるごとに左側へつけ替えていきます（表2）。

表2　音程の名称

減	完全（1、4、5、8度）	増
	短（2、3、6、7度）　長	

狭　　　　　　　　　　　　　　　　　　　広

たとえば完全4度よりも半音ぶん広い音程は、増4度です。基本となる音程は、鍵盤を見ながら、ダイアトニック音階（ドレミファソラシド）で覚えてしまいましょう。ダイアトニック音階のなかに含まれる音程は、表3に挙げたものですべてです。この音程の数え方だけは、本書を読むうえでどうしても必要ですので、ぜひ慣れていただきたいと思います。

表3　ダイアトニック音階に含まれる音程一覧

音程	含まれる全音と半音の数	例
完全1度	（同音）	（ド）
長2度	全音1	ド－レ
短2度	半音1	ミ－ファ
長3度	全音2	ド－ミ
短3度	全音1＋半音1	レ－ファ
完全4度	全音2＋半音1	ド－ファ
増4度[3]	全音3	ファ－シ
完全5度	全音3＋半音1	ド－ソ
減5度	全音2＋半音2	シ－ファ
長6度	全音4＋半音1	ド－ラ
短6度	全音3＋半音2	ミ－ド
長7度	全音5＋半音1	ド－シ

3）全音3つぶんであることから、音楽用語では三全音とも呼ぶ。

短7度	全音4＋半音2	レ–ド
完全8度	1オクターヴ	ド–ド[4]

　さて、音程の単位として使っている「度」という言葉は、やっかいなことに、音階上の音の位置を示すときにも使います。それが、表1の最下段に記された「音度」です。音程と混同しないために、音度を示すときには、ローマ数字で表記します。音度は、調と関係しています（調については次の2-2を参照）。たとえば、表1では「ド」がⅠ度となっていますが、これは「ド（日本語音名でハ）」を主音とした調である（つまりハ長調かハ短調、表1の場合はハ長調）ということです。ドから数えて4つ目の音「ファ」は、ハ長調またはハ短調の音階における「Ⅳ度」である、と言うことができます。この音度は、調における機能［→第4章］を考えるうえで非常に重要になってきますので、ぜひ音程と区別して、心に留めておきましょう。この調における機能を強調したいときに、とりわけ重要な役割を果たすと考えられるⅠ度、Ⅳ度、Ⅴ度の音を、日本語で「主音（トニック）」「下属音（サブドミナント）」[5]「属音（ドミナント）」と呼びます。トニック（T）、サブドミナント（S）、ドミナント（D）という言葉は、音だけでなく、和音にも用います。今日ではむしろ、和音を指すほうが一般的かもしれません。和音については、本節2-3を参照してください。

2-2. 調と調性、音階と旋法

　これまでに、すでに調や調性、ハ長調やハ短調といった言葉が出てきました。ここで調と調性にかかわる用語について整理しておきましょう。ただし、調と調性は、その発生の歴史や、時代ごとの違い、理論と実践の間のずれなどを含めると、非常に複雑な概念です。また和声にとって調と調性はきわめて重要なパートナーですから、本書のなかでも、第2章以降ではつねに関連して説明されています。したがってここでは、読み進めるに

　4）鍵盤上で異なる音であることから、便宜上高いほうのドに傍点をつけた。
　5）主音から5度下の音という意味で、（主音から）4番目の音という意味はない。

あたって最低限必要な、表層の部分を説明するに留めます。それにはやはり、鍵盤とあわせて理解するのが近道です。

「調」とは、英語では「キー」、すなわち鍵盤の鍵のことであり、フランス語では「トン」、すなわち音の高さのこと、ドイツ語では「トーンアルト」、すなわち音（音調）の種類を指します。別の言葉で言うならば、ある楽曲や楽節を支配している、中心となる音の高さの色を、「調」と呼びます。しかしその音を中心として楽曲を組み立てるには、1音では作曲できませんので、その音を「主音」とする音階がまず必要です。西洋音楽においてもっとも基本的に用いられるダイアトニック音階は、「長音階」と「短音階」の2種です。長音階と短音階の違いは、音程配置の違いです。すなわち、階名で考えると簡単です。鍵盤の白鍵をご覧ください（図1）。長音階は、いわゆる「ドレミファソラシド」の音階です。もう一度確認すると、このなかで、「ミーファ」と「シード」の間だけが半音です。短音階は、「ラシドレミファソラ」の音階です。やはりここでも、「ミーファ」と「シード」の間だけが半音です。したがって長音階とは、「全音－全音－半音－全音－全音－全音－半音」の順に音が並んでいる音階を指し、短音階とは「全音－半音－全音－全音－半音－全音－全音」の順に音が並んでいる音階を指します（これは自然短音階と呼ばれます。実際の楽曲のなかでは、旋律的または和声的に、より美しくするために音を変化させるため、旋律的短音階、和声的短音階と呼ばれる音程配置もあります）。実際に鍵盤で音を弾いてみると、長音階と短音階では聴覚が受ける印象が異なるはずです。音階に基づいたこのような「旋律の動き方」は、「旋法」とも呼ばれます。したがって、長音階、短音階は、長旋法、短旋法と呼ばれることもあります。

鍵盤には、白鍵と黒鍵を合わせて、1オクターヴのなかに12個の音があります（そもそもオクターヴを12等分しているのですから、当然です）。そのすべての音が、「主音」になることができます。つまり、「レ（日本語音名でニ）」を主音とした長音階は、その全音と半音の配置にしたがって黒鍵も使い、「レーミーファ♯－ソーラーシード♯－レ」という音階になります（階名ではこれも、ドレミファソラシドです）。この音階をもとにつくられた楽曲や楽節の「調」は、主音の音名をとって、「ニ長調」

となります。同じように、レを主音とする（自然）短音階「レ−ミ−ファ−ソ−ラ−シ♭−ド−レ」をもとにした楽曲の調は、「ニ短調」となります。ヨハン・ゼバスティアン・バッハは、《平均律クラヴィーア曲集》において、12の音のそれぞれを主音とする長調と短調で楽曲をつくりました。すなわち、鍵盤上では、「24の調」が存在することになります。「調性」とは、この24の調による作曲システムを包括した概念です。しかし「調性」という概念で、近代の音楽のしくみを理解できるようになるには、実践されている現象を客観的に眺める時間が必要でした。そのため、調性の枠内で和声を理解する理論と方法は、実践よりも遅れて19世紀に発展したのです［→第3章］。

「旋法」という言葉についても、もう少し補足しておきます。先ほど旋法とは「旋律の動き方」だと説明しましたが、長音階と短音階が整うよりも以前、すでに旋法は理論的に体系化されていました。それが、「ギリシャ旋法」や「教会旋法」と呼ばれるものです。本章冒頭で述べたように、古代ギリシャでは、旋律の動き方を種族の特徴と結びつけて、「ドーリオス（ドリア）」「プリュギオス（フリギア）」といった種族名で呼んでいました。これを、今日では「旋法」として音階のかたちで理解しています。この旋法体系と旋法の通称名は、中世のヨーロッパにも受け継がれましたが（教会旋法）、その過程で、旋法名とそれが表す旋法にずれが生じてしまいました。現代では、旋法の通称は、とくに断りがない限り、下記の教会旋法を表しています（表4）。ただし歴史の過程で、たとえば19世紀末から20世紀初頭のフランスなど、教会旋法ではなくギリシャ旋法を指している時期もありますので［→第5章］、文献を読むときには注意が必要です。

各旋法は、音域と旋律の動き方（表4の第1、第2旋法で例として記入したとおり、それぞれ半音の位置が異なります）だけでなく、終止音（□で囲んだ音）とテノール音（保続音。下線を引いた音）によって特徴づけられます。同じ終止音を共有する2つの旋法のうち、音域が、終止音の上1オクターヴにわたるものを正格旋法、終止音の下4度から上5度までにわたるものを変格旋法と呼んでいます。この教会旋法は、16世紀半ばに、さらに第12旋法まで拡大され、正格旋法で、ラとドをそれぞれ終止音と

する旋法（エオリア旋法、イオニア旋法）が加えられました。ここから長音階、短音階の2種へと集約されていくのですが、その詳細については、ここでは触れません。

表4　中世の教会旋法

正格旋法	変格旋法
第1旋法　ドリア 　　全　半　全　全　全　半　全 レ－ミ－ファ－ソ－ラ－シ－ド－レ	第2旋法　ヒュポドリア 　　全　半　全　全　半　　全　全 ラ－シ－ド－レ－ミ－ファ－ソ－ラ
第3旋法　フリギア ミ－ファ－ソ－ラ－シ－ド－レ－ミ	第4旋法　ヒュポフリギア シ－ド－レ－ミ－ファ－ソ－ラ－シ
第5旋法　リディア ファ－ソ－ラ－シ－ド－レ－ミ－ファ	第6旋法　ヒュポリディア ド－レ－ミ－ファ－ソ－ラ－シ－ド
第7旋法　ミクソリディア ソ－ラ－シ－ド－レ－ミ－ファ－ソ	第8旋法　ヒュポミクソリディア レ－ミ－ファ－ソ－ラ－シ－ド－レ

2-3. 和音

　さて次に、もっとも重要かつ複雑な、和音の種類と名称について、現在の一般的な理解をここで述べておきます。まず和音とは、すでに述べたように2つ以上の音を同時に鳴らしたものを言いますが、西洋音楽でもっとも基本的な和音は、3度ずつ離れた3つの音（たとえばド－ミ－ソ）を同時に鳴らした和音とされています（その歴史的な理由は、第1章を参照してください）。五線譜上に表すと、ちょうどお団子のようなかたちになります。これを、習慣的に「三和音」と呼びます。三和音には譜例2のように4つの種類があります。そのうち「長三和音」と「短三和音」がすべての和音の核とされてきました。長三和音は長3度音程の上に短3度音程を重ねたもの、短三和音は短3度音程の上に長3度音程を重ねたものを指します。

　現代では、和音は一番低い音、つまり楽譜で一番下にある音を基準に考えますので、日本語で、一番下にある音を「根音」と呼び、その3度上の

音を第3音、5度上の音を第5音と呼びます（譜例3）。ただし歴史を遡ると、一番上の音を「根音」と呼ぶこともありました［→第4章、第5章］。このように楽典の知識ひとつとっても、不変の規則ではなかったことが分かります。3つの音で三和音であれば、もうひとつ音を重ねて4つの音からなる和音をつくると、「四和音」になるのが普通です。実際、四和音、五和音と音の数を増やして呼称するのは間違いではありませんが、習慣的に、四和音は「七の和音」と呼ばれます。なぜなら、3度ずつ4つの音を重ねると、一番高い音は根音から7度離れた音となり、この7度の音程は、一般的には「不協和音程」であるとともに、音楽のなかで特徴的な役割を果たすからです。同様に、五和音は、習慣的に「九の和音」、六和音は「十一の和音」と呼ばれます。実際の音楽のなかでは、すべての音が鳴っていなくても、7度や9度や11度の音程を耳がとらえれば、習慣的に補正して、七の和音、九の和音、十一の和音と感じることもあるでしょう。

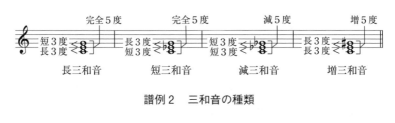

譜例2　三和音の種類

譜例3　三和音と七の和音

　さて上記のように3度ずつ重ねたお団子状の和音を、「基本形」と言いますが、実際の音楽では、根音が1オクターヴ上に置かれたり、第5音や第7音が1オクターヴ低くなることで、根音より下に置かれたりすることがあります。西洋音楽の和声では、オクターヴの違いは、「同じ音」とみなすからです。和音の構成音における「根音」とは、つねに、基本形の状態にあるときの一番低い音を指します。したがって、音が1オクターヴ移

動することで、根音が一番下にない状態の和音を「転回形」と呼び、第3音が一番下に来たものを第1転回形、第5音が一番下に来たものを第2転回形、第7音が一番下に来たものを第3転回形と呼びます。この「和音を転回する」という考え方も、不変的なものではなく、西洋音楽の歴史のなかで徐々に定着して今にいたっています［→第2章］。

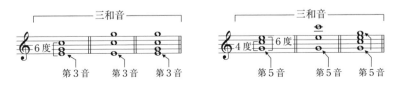

譜例4　第1転回形と第2転回形

このように和音を言葉で説明するにはたくさんの文字が必要です。したがって和音の状態を一目で理解できるように、和音を表す「記号」が、各国でさまざまに生み出されました。歴史や文脈によって、和音のどの部分を強調するのかが異なり、それが記号の違いとなって表れています。そのため現代の日本では、同じ和音を示すために、複数の和音表記法が並存しており、それが混乱のもととなっています。しかし考え方を変えれば、記号の違いは、その音楽のジャンルや国の特性を映し出しているとも言えるかもしれません。ここでは、現在でも使われている代表的な3つの表記法を掲載しておきます。ただし、本文中では、今では使われなくなった表記法も登場しますので、「歴史的な過程」として読んでいただけるとよいかと思います。

　数字付き表記法（譜例5−1）は基本的に、和音の最低音（バス）からの音程を数字で表します。バロック時代の通奏低音［→第2章］の表記法と、今日フランスでは一般的に用いられている、和声記号としての数字付き表記法があります（後者では＋や斜線入りの数字など、特殊な記号を用います）。基本的には、和音の特徴を表すために重要な音の音程のみ記して、あとは省略します。したがって、基本形の三和音の場合は、5と記すか、または何も記しません。第1転回形は6度が特徴的ですので、6と表記し、これを強調して、「六の和音」とも呼ばれます。また第2転回形は、同じようにバスからの音程を数字で示して、「四六の和音」とも呼ば

れます。

　ローマ数字表記法（譜例5-2）は、長年日本で用いられていた表記法です。現代でも、日本のクラシック音楽界では、この表記法がもっとも共通理解が得やすいと言えるかもしれません。ドイツの和声法でもローマ数字を用いますが、日本は独自のルールで記号化しました［→コーヒーブレイク Vol. 2］。ローマ数字は調と結びついています。したがって、何調であるかを示したうえで用います。譜例5-2において、Ⅰとはハ長調のⅠ度上につくられた和音を示しています。これを、主和音（トニック）と呼びます。Ⅴ度上につくられた和音は属和音（ドミナント）、Ⅳ度上につくられた和音は下属和音（サブドミナント）、さらに、Ⅴ度上につくられた七の和音は属七の和音と呼ばれます。このローマ数字は、基本形の根音を示したものですから、転回形の場合は、日本ではローマ数字の右上に1や2や3とつけて、第1転回形、第2転回形、第3転回形であることを示します。また、七の和音以降は、ローマ数字の右下に7や9の数字をつけて、それを示します。すなわちローマ数字表記法は、和音が調のなかでどのような役割をもっているか（それを機能と言います）が一目で分かるようになっているのです。

　そうした役割のうちトニックは、調の中心となる求心的で安定した力をもち、調性音楽は、最終的にトニックに引きつけられるという特徴をもちます。それに対してドミナントは、トニックへ進もうとする強い性質をもち、トニックの前に置かれることで、トニックへの引力がより強まります。サブドミナントは、さらにその補助的役割をもちます。こうして、和声法においては、Ⅰ－Ⅴ－Ⅰといった進行が、音楽構成のルールのように考えられるようになりました。これが今日、機能和声と呼ばれています。ただし、今までは「絶対的なルール」のように考えられていたこの進行も、やはり絶対ではないこと、歴史のある時期の思想が反映されたものなのだということが、本書から分かると思います［→第4章］。以上のように、ローマ数字表記法は、調性音楽の理解には大変便利である一方、さまざまな音楽について考えようとすると、不便な面があることも否定できません。近年は日本でも、この表記法を用いない和声教育が提唱されています（林達也著『新しい和声』）。

最後のコード表記法（譜例5-3）は、現在世界中で急速に共有されつつある英語の表記法です。基本的には、ジャズやポピュラー音楽で一般的に用いられていたもので、ギターの演奏に適していますが、クラシック音楽においても、その有用性が認識されつつあります。英語の音名を示すアルファベットは、それが「何調であるかにかかわらず」そのとき鳴っている和音の根音を示しています。そして、たとえば三和音にかんしては、長三和音であれば基本的には何も示さず、短三和音であれば小文字のm（マイナーの略）を付け加えます。またダイアトニック音階の基本形から逸脱した音は、数字や半音変化を示すシャープ（♯）、フラット（♭）などを用いて、そのつど示します。音楽の文脈にかかわらず、そこで鳴っている和音をそのまま示しつつ、調感覚をも視覚的に表したコード表記法は、近い将来、クラシック音楽でも標準となるかもしれません。ただし、現状での課題は、コード表記法の一部が必ずしも統一されていないことです。人間には、自分がもっとも分かりやすいように記号化したい習性があるのかもしれません。

譜例5-1　数字付き表記法

譜例5-2　ローマ数字表記法（島岡 1964, 75）

譜例5-3　コード表記法

3. 主要な理論家と本書の構成

　最後に本書に登場する理論家と、本書の構成を概観しておきましょう。和声や和声理論について何らかの言葉や著作を残した人は、数え切れないほどいます。そのなかで、歴史上重要だと思われる人だけでも、限られた紙面ですべてとり上げることは不可能です。したがって本書では、今日の和声理解に直結している考え方を残した人たち（第2章のラモー、第4章のリーマン）や、和声の歴史の大きな流れに影響を与えたと思われる人たちのなかから、執筆者の専門や関心に沿って、重要だと思われる人物や潮流に絞りました。和声の歴史を辿ってみると、リヒャルト・ヴァーグナーやクロード・ドビュッシーのように、音楽上では和声に関する革新的な試みを行ったものの、理論というかたちではそれを言語化・記号化していない作曲家もいれば、アルノルト・シェーンベルクのように〔→第7章〕、作曲と理論にバランスよく取り組んだ作曲家もいます。音として斬新な和声を楽譜に残した作曲家と、それを新しい理論として組み立てた理論家、数々の既存の理論を整理し、まとめ上げた人物、理論をもとに教育法としてそれをマニュアル化した人たち、批評家として異なる理論についての議論を戦わせた人など、和声をめぐってさまざまな立場の人々が、自身のできる貢献をすることで、知の遺産を連綿と引き継ぎ、今にいたっているということが分かります。

　本書では各章が扱う時代、国、また執筆者の視点によって、そうした異なる立場の人々にスポットをあて、ハーモニー探究の歴史を多角的に辿るよう努めました。一方で各章のつながりを重視したことから、当然とり上げるべき幾人かの理論家が抜け落ちていることも事実です。たとえばJ. S. バッハ以後にあたる18世紀後半のドイツ語圏における和声理論（フリードリヒ・ヴィルヘルム・マールプルク、ヨハン・フィリップ・キルン

ベルガー、ダニエル・ゴットロープ・テュルクなど）は、これまで比較的日本で紹介されていることもあり、今回は目をつむることにしました。本書の特徴は、「調性」とのかかわりが色濃くなる19世紀を中心に据え、和声が調性の枠内で語られるようになるきっかけの時代（第3章）から、しだいに和声そのものが調性という枠を崩していく時代（第7章）までに多くの紙面を割いていることです。そしてそこにいたる古代から17世紀（第1章）、18世紀（第2章）と、「その後」にあたる20世紀（第8章）にそれぞれ1章をあてています。和声に対する考え方や、用いる手法は、各章で大きく異なります。そのため、時代ごとの変遷を追って、各章を前から順に読んでいただくこともできますし、興味のある章から読んでいただいてもかまいません。

　第1章では、古代ギリシャのピュタゴラスが発見した協和音の原理と、それを受け継いだルネサンス期（15〜16世紀）から17世紀の理論家たちをとり上げます。和声における基本とも言える長・短三和音の起源を論理づけたイタリアのジョゼッフォ・ザルリーノ、倍音に注目したフランスのデカルトの考え方は、第2章で登場するラモーへと受け継がれます。第2章では、ラモーを中心に、数比を用いた古くからの方法論と新しい物理学的方法論が混在する18世紀の、和声に対するさまざまな根拠づけを紹介します。第3章はフランス革命後のパリ音楽院に焦点をあて、教育としての和声法と調的和声理論の始まりをみていきます。第4章は今日いまだ全貌が知られていないリーマンの、調的機能と和声の近親性という、今日の和声法の基盤となる考え方が生まれた背景を明らかにします。第5章はヴァーグナーとドビュッシーという、理論では測ることのできない和声を残した作曲家の時代に、その和声を基礎づけようとしたフランスの人たちに目を配ります。第6章は今日シェンカー理論として名を残しているハインリヒ・シェンカーその人の、和声にかかわる思想を解き明かします。第7章では、12音技法を実践したシェーンベルクの不協和音に対する考え方と調的和声の時代の終わりをみていきましょう。最後の第8章では、従来の和声を支えていた音のバランスが崩れてもなお、人間がハーモニーを探究し続ける不思議を、アメリカのミルトン・バビットとアレン・フォートの考え方を通して考えてみたいと思います。

引用文献

Chailley, Jacques. 1967. *Expliquer l'harmonie?* Paris: Éditions Rencontre.
島岡譲ほか 1964『和声——理論と実習Ⅰ』東京：音楽之友社。
ジョルダーニア、ジョーゼフ 2017『人間はなぜ歌うのか？——人類の進化における「うた」の起源』森田稔訳、東京：アルク出版。
新村出編 2018『広辞苑』第7版、東京：岩波書店。
林達也 2015『新しい和声——理論と聴感覚の統合』東京：アルテスパブリッシング。

序章　ハーモニーの範囲と方法　27

ザルリーノ
（第1章）

ラモー
（第2章）

フェティス
（第3章）

リーマン
（第4章）
Universitätsbibliothek J. C. Senckenberg, Goethe-Universität Frankfurt, Signatur: S 36/F09674

ダンディ
（第5章）

シェンカー
（第6章）
Photograph of Portrait. Oswald Jonas Memorial Collection (MS 067), box 72, folder 14/item 5. Special Collections & University Archives, University of California, Riverside.

シェーンベルク
（第7章）
Arnold Schönberg Center, Wien.

フォート
（第8章）
撮影：森あかね

各章の主な登場人物

第 1 章

数と協和音
―― 初期近代の音楽理論におけるピュタゴラス派の伝統 ――

　ハーモニー探究の歴史は、紀元前 6 世紀の古代ギリシャの哲学者・宗教家ピュタゴラスによる協和音の原理の発見に遡るとされています。「ピュタゴラスの定理（三平方の定理）」にその名を残しているピュタゴラスは、自分では何も書き残していませんが、彼の教えを信奉する人々（ピュタゴラス派）によって継承され発展した思想は、その後のヨーロッパにおける音楽のとらえ方に決定的な役割を果たしました。その思想とは、端的に言えば、数を万物の構成原理とみなし、数によって万物における調和の原理や秩序を探究しようとする立場です。英語「ハーモニー」の語源である古代ギリシャ語の「ハルモニア」は、音の協和現象に留まらず、あらゆる事物の調和的な体系を幅広く指し示す言葉でした。そこから、天体の規則的な運動によって生じる響きが音楽的に協和しているという「宇宙の音楽」や、人間の精神と肉体の結びつきに同じく音楽的な調和をみる「人間の音楽」といった思弁的な「音楽」のとらえ方も生じました。音楽を音楽たらしめているのは「ハルモニア＝調和」であり、ピュタゴラス派の人たちはそれがある種の数的秩序に支えられていると信じていたのです。

　古代ギリシャで確立されたピュタゴラス派の音楽観は、ローマ帝国崩壊後の 6 世紀前半にボエティウス（480 頃〜 524）が著した『音楽教程』を介して西方ラテン世界に伝えられ、その後 18 世紀にいたるまで、ヨーロッパの音楽観に大きな影響力をもちました。本章では、近代の黎明期にあたる 16 世紀から 17 世紀にかけて生きた 2 人の人物、ジョゼッフォ・ザルリーノ（1517 〜 90）とルネ・デカルト（1596 〜 1650）の音楽理論に焦点をあて、彼らがピュタゴラス派の音楽観の伝統をどのように引き受け、どのようにその刷新を図ったのかを、協和音についての議論を中心にみていきます。

1. ザルリーノ

1-1. ザルリーノの協和音論とピュタゴラス派の伝統

　ボエティウスの『音楽教程』は、ピュタゴラスがたまたま鍛冶屋の仕事場の前を通りかかったときに、金床を打つハンマーの音が互いに協和しているのを聴き取り、それらのハンマーの重さを調べたところ、重さの比が2：1であればオクターヴ（8度）、3：2で5度、4：3で4度の協和音が生じることを「発見」したと伝えています。その真偽はともかく（実際には音の高さはハンマーの重さだけで決まるわけではないでしょう）、この逸話の焦点は、もっぱら耳という感覚器官によってとらえられ、その快さによって主観的に判断される音の協和現象が、じつは数比を用いて客観的に説明できることを示している点にあります。それはつまり、協和する2つの音は、気温や湿度、個々人の耳の調子といった不安定な外的要因に左右されることなく、単純な自然数の比に還元することができ、ひいては、あらゆる音程は数比によって合理的に定めることができるということです。この発想こそが、その後の西洋の音楽理論の基礎をなしているといっても過言ではありません。

　こうしたことから、音楽はすでに紀元前4世紀のプラトンの時代から、算術、幾何学、天文学と並んで、学校教育における基本科目（自由学芸）のなかの4つの数学的な学科のひとつとされていました（のちにボエティウスはこれら4つの学科を「四科（クァドリヴィウム＝四つ辻）」と名づけています）。そこで大きな役割を果たしたのがモノコルドという音響装置です。これは1本の弦だけを張った単純なもので、弦の間に置かれた仕切りとなるブリッジを移動させることによって弦の長さを分割し、音程を生み出す弦の長さの比を割り出します（弦が長ければ長いほどより低い音に相当します）。重さの比が2：1のハンマーを打ちつけてもオクターヴが生じるとは限りませんが、モノコルドの弦を2：1に2分割して、それらの部分を同時にはじくと、分割された弦の各部分が発する2つの音はオクターヴの音程をなして協和します。理論を実際に耳で確認することができるこの装置はピュタゴラスの発案とされ、紀元前5世紀から19世紀にいたるまで、主として教育用に幅広く使われました。図1は、16世紀イタ

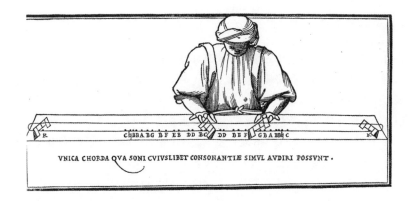

図1 モノコルド（フォリャーノ[1]『理論的音楽論』(1529) より。下に「どんな協和音の構成音も同時に聴くことができる1本の弦」とある。上に張られた1本の弦を、動かせる2つのブリッジで分割して、弦の長さと音高の関係を確認している。）

リアの理論書に掲載されたモノコルドの図版です。

ところで、3つすべての協和音が1から4までの自然数の比によって定められるという「発見」は、ピュタゴラス派の人たちにとっては神秘的な意味合いを帯びていました。彼らは1から4までの自然数を「テトラクテュス」と呼び、その総和が彼らが完全とみなす数である10になることから、神聖視していたのです。音の協和も、その背後に存在する「テトラクテュス」による秩序の原理が、聴覚に快い音響現象として立ち現れたものということになります。彼らは、近代科学で通常とられる手続きのように実験と観察によって一般法則を導くというよりは、数の神秘主義に基づく自分たちの世界観に適合するように自然現象を理解していたのです。

音楽は数比を考察対象とする数学的学問であるという考え方は、中世、ルネサンス期を経て18世紀にまで受け継がれました。本章ではまず、16世紀イタリアの音楽理論家ザルリーノの著作を通じて、こうした音楽観の伝統がルネサンス期にどのように継承されたのかを検証したいと思います。

ザルリーノは、1565年から亡くなるまでヴェネツィアのサン・マルコ

---

1) 1539頃没。モデナの大聖堂で活動したイタリアの理論家・作曲家。

聖堂の楽長を務め、作曲・演奏といった実践活動に軸足を置いていた人物で、ルネサンス期に隆盛をきわめた多声音楽の作曲法（対位法）を集大成した理論上の功績によってその名を後世に残しています。しかし、彼の主著で、イタリア語で書かれた音楽理論書『ハルモニア教程』(1558 年初版、73 年改訂版。以下『教程』) をつぶさにみてみると、古代・中世の思弁的音楽観の伝統がなお実効性をもち、同時代の実践に基づく新たな知見と密接に結びついていることが分かります。彼の協和音論からそのことを確認してみましょう。

　ザルリーノが協和音を定める数として提示するのは、1 から 6 までの自然数であり、彼はそれを「セナーリオ (senario)」と呼んでいます。ピュタゴラスの「テトラクテュス」に 5 と 6 という数字が加わっているのは、5 : 4 で定められる長 3 度、6 : 5 の短 3 度、5 : 3 の長 6 度など、従来のオクターヴ、5 度、4 度に加えて、長・短の 3 度、6 度を協和音の範疇に含めるためです（短 6 度は 8 : 5 の比で定められますが、これは 4 度と短 3 度の組み合わせとして説明されています）。これら新参の協和音は、それらを協和音として認めてこなかった旧来の音楽理論の伝統に配慮して、ザルリーノによって「不完全な」協和音と呼ばれていますが、当時の作曲実践においては事実上すでに協和音として扱われていました。ザルリーノはそういった現状を数学的な音楽理論の枠組みのなかで追認したことになります。さらに彼は、6 という数をピュタゴラス派の数の神秘主義に即して正当化するために、「神は 6 日で世界を創造した」、「黄道 12 宮のうち 6 つの宮はつねに私たちの半球〔＝北半球〕上にある」、「6 は最初の完全数である」（その約数 1、2、3 の総和であると同時に積）など、音楽とはまったく関係のない事象を列挙して、4 に代わる優位性を 6 に与えようとさえしています (I-14: Zarlino [1558, 23f.] 1573, 29ff.)。

　このように、音の協和の原理を単純な整数比に求める古代以来の伝統を受けて、ザルリーノは、「〔音楽家たちは〕音楽の基体は音響数だと言う」(I-18: Zarlino [1558, 29] 1573, 35) と述べています。「基体」とは、もともと「下に置かれているもの」という意味のアリストテレス哲学の概念で、さまざまに変化する事物の基盤となり、それ自体は不変で消滅することのない存在のことです。つまり、現実の音楽はさまざまな音響現象として立

ち現れるが、その根底にはつねに不変の「音響数」があり、多声音楽の根幹をなす協和音においてそれは「セナーリオ」だというのが、ザルリーノが再三強調する点なのです。

　それでは、『教程』においてこのような理論的前提は作曲実践とどのように結びついているのでしょうか。ザルリーノは、高低の楽音が各々旋律を奏でつつ互いに協和しながら進行するという多声音楽の構造を「本来的なハルモニア」と呼び、さまざまな情念を喚起する力をそれに認めています（II-12: Zarlino [1558, 80] 1573, 94f.）。音楽と感情の関係にかんするこのような言及は、同時代の作曲状況と密接にかかわっていました。

　ルネサンス人文主義が隆盛を迎えていた当時、音楽の分野でも、古代ギリシャや旧約聖書の世界の失われた音楽がもっていたという絶大な情念喚起能力に注目が集まり、それをいかにして自分たちの時代に甦らせるのかが作曲家たちの関心の的になっていました。彼らが描いていた古代の音楽家像は、楽器の伴奏に合わせて一人の詩人が抑揚をつけて詩を朗唱するというものでしたから、とりわけ歌われる言葉がもっとも重要な要素とみなされました。古代の音楽実践に立ち返るために、多声音楽そのものを否定する動きも現れましたが（これがオペラという新しい音楽ジャンルの誕生につながります）、そこまで過激ではなくても、多声音楽という同時代の音楽語法のなかで、歌詞の意味内容をいかに表現し、その情感をいかに聴き手に伝えるかが、作曲家たちの主たる課題になっていたのです。

　そこでザルリーノは、作曲実践を扱う『教程』第３部で、彼自身があらたに協和音に加えた長・短３度、６度の響きの特性に着目します。それによれば、長３度と長６度は「快活で陽気、多くの響きのよさに伴われている」のに対し、短３度と短６度は「甘美で、いくぶん悲しげもしくは活気のない傾向」にあり、それらの性質に応じて楽曲を陽気にしたり陰気にしたりする力をもちます。また、当時の12の旋法を長３度と短３度の位置関係によって陽気なものと悲しげなものに二分し、前者では５度音程のなかで長３度が短３度の下に置かれるのに対して、後者では逆に短３度が長３度の下に置かれると述べています（III-10: Zarlino [1558, 156] 1573, 182）。これは、現在の和声における長・短三和音にほかなりませんから、そこに近代的な調性意識の萌芽を読み取り、和声二元論の起源をザルリー

ノに帰することも可能かもしれません[2]。しかし、彼がこのような長・短3度の位置関係をそれぞれ「調和分割」と「算術分割」という古代以来の伝統的な比の分割法から導き出していることを見逃すべきではありません。それは、二項からなる比a：cを、その間に別の項bを置くことによってa：b：cのように分割する仕方のことです。調和分割の場合、a、b、cが調和数列（調和数列では、各項の逆数からなる数列 $\frac{1}{a}$、$\frac{1}{b}$、$\frac{1}{c}$ が、隣り合う項の差が等しい等差数列になります）となり、算術分割の場合は、a、b、cが等差数列となります。

　これを5度の分割に適用してみましょう。5度が生じる弦の長さの比は3：2ですから、この比を調和分割するとき、中間の項は $\frac{12}{5}$ となり、比は $3：\frac{12}{5}：2$ となりますから、5度は低い音から高い音に向かって、$3：\frac{12}{5}$ = 15：12 = 5：4（長3度）、$\frac{12}{5}：2$ = 12：10 = 6：5（短3度）の順に分割されます。ドミソの長三和音がこれにあたります。一方、算術分割するとき、中間の項は $\frac{5}{2}$ となり、比は $3：\frac{5}{2}：2$ となりますから、5度は低い音から高い音に向かって、$3：\frac{5}{2}$ = 6：5（短3度）、$\frac{5}{2}：2$ = 5：4（長3度）の順に分割されます。ドミ♭ソの短三和音がこれにあたります。

　このような比の理論は、ピュタゴラス派の数学者たちによって継承されてきたものでした。ザルリーノはそれを5度の分割に適用することによって、図らずも現在の長・短三和音の形成に辿りついたことになります。また彼は、5度が調和分割されるときに多声楽曲は最良の効果を生むが、それは、音響数（「セナーリオ」）の「自然な順序」にしたがって、つまり数値の小さい比の順に長・短3度が配置されるためだと説明しています（III-31: Zarlino [1558, 181f.] 1573, 211）。短三和音に対する長三和音の快さを、比の数値の小ささという数的な要因に帰する姿勢にも、やはりピュタゴラス派の影響をみてとることができるでしょう。

1-2. ザルリーノの音楽理論における幾何学の役割

　このように、四科の一学科としての音楽理論は、異なる音高どうしの関

---

　[2] リーマンは『音楽理論の歴史』（初版：1898年）のなかで、和声の二元論的性質を最初に基礎づけた人物としてザルリーノを評価している（Riemann 1961, Kap.14）。

係である音程を、互いに比較される自然数の比として認識します。そのため同じ四科のなかで音楽は、数を共通の考察対象（基体）とする算術に近い関係にあるとされ、ザルリーノも音楽の基体を「音響数」としていました。彼は最晩年の1588年に出版された『音楽についての補遺』（以下『補遺』）のなかで、四科の各学科の関係を図2のように示しています。

<pre>
                  数学は、
        多さ   と   大きさ
              を考察する。
これは、それ自体で考察される。   これは、変化しないものとして考
                                 察される。
―算術のように数において。   ―幾何学のように音楽において。
あるいは   あるいは
比較されて考察される。   動くものとして考察される。
―音楽のように楽音において。   ―天文学のように運動において。
</pre>

図2　四科の分類（Zarlino 1588, 28）

　この分類によれば、数学が対象とする量は、「多さ」、つまり自然数のような非連続的な量と、「大きさ」、つまり線分や面積のような連続的な量の2種類です。「多さ」をそれ自体として考察するのが算術なのに対して、比較して（比のかたちで）考察するのが音楽です。他方、「大きさ」を変化しないものとして考察するのが幾何学なのに対して、天体の周期運動のように動くものとして考察するのが天文学です。このように音楽と幾何学はそれぞれ対象とする量の概念が異なるので、相互にかかわりの薄い学科とされてきました。ところが図2では、楽音を対象とする音楽をさらに幾何学が対象にするという奇妙な二重構造がみられます。また、『補遺』の最後のページでザルリーノは、「音楽は算術よりもむしろ幾何学に従属し、そしてそれは音響数よりもむしろ均衡のとれた音響体をその真で主要な基体としてもつと〔私は〕確信した」（Zarlino 1588, 330）と明言しています。「音響体」とはこの場合、モノコルドの弦など、実際に音を発する物体を指します。『教程』では、音楽の基体が「音響数」とされていましたから、それが「音響体」とされていることは、「音楽は幾何学に従属す

る」という命題とともに、この時点でザルリーノの考えが伝統的な音楽観から逸脱していたことを示しています。

　では、彼の理論のなかで幾何学はどのような役割を果たすのでしょうか。

　ひとつは、1オクターヴ内の12の半音を等しい大きさにする12平均律のように、任意の音程を等分割するときに、中間の音高をもつ各弦の長さを割り出すという実用的な役割です。ザルリーノが理想としたのは、すべての協和音を純正に響かせることですが、鍵盤楽器やリュートなど音高が固定された楽器ではそれが実現不可能であることも理解していました。純正に響く協和音は単純な数比で表すことができますが、すべての音程がわずかにずれる12平均律では、協和音であってもその構成音の弦の長さは無理数で表されることになります。ところが、当時の音楽理論は自然数のみを対象としたため（当時は無理数の概念はまだ確立されていません）、それらは数ではなく線分の長さを用いて表現するほかありませんでした。そこでザルリーノが紹介する方法のひとつが、メソラビウム（Mesolabio）という古代ギリシャ以来の幾何学装置を用いるものです。これは複数の長方形を重ね合わせたもので、2つの異なる長さの間で幾何的に比例する（つまり、隣り合う各項の比が等しくなる等比数列をなす）長さをもつ線分を導き出すことができます。

　図3は、『教程』と『補遺』の間に出版された『ハルモニアの証明』（1571）に掲載されているメソラビウムの図版で、弦abと弦cbからなる音程を3等分する2つの音の弦の長さを導く方法を示しています。ここでは、①defg、②hikl、③mnopという3つの長方形が重なっています。①の左辺deの長さは弦abの長さに等しく、また、③の頂点oからの長さが弦cbの長さに等しくなるように③の右辺op上に点sがとられています。②と③を水平移動させて、①の右辺fgと②の対角線hkとの交点qと、②の右辺klと③の対角線moとの交点rが、どちらもdとsを結ぶ直線上にあるとき、線分qfと線分rkが、それぞれ弦abと弦cbからなる音程を3等分する音高の弦の長さになります。

　ザルリーノはその後の『補遺』のなかで、リュートを12平均律に調律するための弦の長さ（つまりフレットの位置）を導く方法のひとつを、図

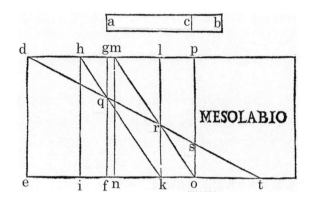

図3　メソラビウム（Zarlino 1571, 163）

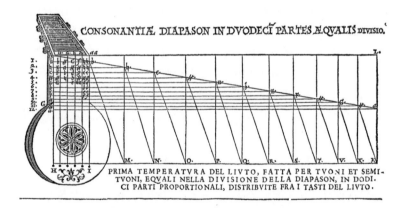

図4　リュートでオクターヴを12等分する方法（Zarlino 1588, 209. 下に「リュートのフレット間で案分された、均衡のとれた12の部分にオクターヴを分割すると等しくなる全音と半音のためになされた、リュートの第一の音律」とある。)

4のようにメソラビウムの原理を用いて示しています。

　ザルリーノの音楽理論における幾何学のもうひとつの役割は、音程の認識のあり方を視覚的なイメージとして表現することです。図5では、楽音－音程－楽曲の関係が幾何学との類比によって表されています。

　まず、「点」として表される1つの楽音が高低2つの方向に分岐して、時間の経過のなかでそれぞれ線として表される旋律を形成します。これら

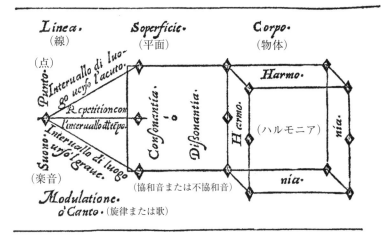

図5　楽音－音程－楽曲の関係の幾何学との類比（*Ibid.*, 57）

の旋律が互いに重なると協和音または不協和音の音程を形成しますが、それは「平面」として表されています。これは2つの声部が同時進行している状態です。ここにさらにほかの声部が加わって音程の数が増えると「ハルモニア」になりますが、それは立体的な「物体」として表されています。この「ハルモニア」は、『教程』に出てきた「本来的なハルモニア」、つまり、多声音楽の構造のことで、しかも、ザルリーノが「完全な」と呼ぶ、3つ以上の声部で構成されているものと考えることができます。

　ここで注目したいのは、もともと数どうしの関係である比で表されていた音程が連続的な量としての1つの線分（「平面」および「物体」の各辺）によって表されている事実です。このことは、2つの異なる音高の関係とみなされていた音程が、1つの実体的な大きさとしてとらえ直されていることを示しています。私たちは同時的な和音を聴くとき、和音を構成する複数の音をバラバラに認識するのではなく、1つの響きとしてとらえているはずです。異なる音高どうしの隔たりを一定の長さによって表現する上の図は、まさにこうした聴覚経験のあり方を視覚的に訴えたものと言えるでしょう。

　ピュタゴラス派の観念的な音楽理論の伝統に身を置きつつも、彼にとっ

て音楽とは、現実に鳴り響き、聴覚によってとらえられるもの以外の何物でもありませんでした。伝統的な見解に反して、音楽の基体を「音響数よりもむしろ均衡のとれた音響体」だと確信するにいたったのはそのためであり、算術ではなく幾何学に音楽とのより強い関係を見出したのも、数そのものではなく実際に音を発する具体的な弦の長さが、自らの理論を構築するうえでつねに主要な関心事だったからにほかなりません。しかし、ザルリーノは、四科の枠組みを離れて音そのものの性質を対象とする物理学の視点を自らの理論に導入することはありませんでした。

2. デカルト

2-1.『音楽提要』における協和音論

「近代哲学の祖」として知られるフランスの哲学者・数学者のデカルトが音楽に高い関心を抱いていたことは意外に知られていません。しかし、彼の初めてのまとまった著作は、ラテン語で書かれた音楽理論書『音楽提要 Compendium musicae』(以下『提要』) でしたし、その後書かれた手紙のなかでも、しばしば音楽について触れられています。

『提要』は、1618年の暮れ、デカルトが若干22歳のときに、当時自然科学の分野で共同研究を行っていたオランダの科学者イサーク・ベークマン (1588〜1637) への個人的な贈り物として書かれたものです (初版は没した直後の1650年に出ています)。本書は彼の哲学体系がいまだ確立していない時期の著作ではありますが、それを音楽理論の歴史のなかに置き直してみると、ただ伝統の権威に追従するのではなく、論理と経験を主なよりどころとする、デカルト独自の方法論に貫かれていることが分かります。

『提要』の大部分は数比に基づく音程の問題に割かれています。このことは、彼の関心が、音程をどのように数学的に基礎づけるかという四科的な音楽観に強く根差していることを示していると言えますが、そのなかでも中心的な主題は、やはり協和音です。そして、デカルトが協和音を規定するさいに用いるのは弦の分割という伝統的な手法です。これにかんして彼は次のように述べています。

協和音において必要とされる2つの項³⁾のうち、より低いものは、はるかにより大きな能力を秘めていて、そして、もう一方の項を何らかの仕方で自らのうちに含んでいること〔に注意すべきだ〕。それはリュートの弦において明らかであり、それらのうちどれか1本が弾かれると、それよりもオクターヴあるいは5度だけ高い弦は自発的に振動し共鳴するが、それよりも低い弦は、少なくともみられる限り、そのようにはならない。その理由は次のように証明される。音の音に対する関係は弦の弦に対する関係に等しい。さて、いかなる弦にも、それよりも短いすべての弦が含まれるが、それよりも長いものは含まれない。それゆえ、いかなる音においても、それよりも高いすべての音が含まれるが、逆に高い音にはそれよりも低い音は含まれない。(AT-X, 96f.)

ここでデカルトは、現実に音を発する弦を想定し、音高を弦の長さとはっきりと関連づけたうえで、「低音は高音を含む」という独自の命題を掲げています。高音よりも低音のほうが「はるかにより大きな能力を秘めて」いるのは、協和音を構成する2音のうち、高いほうの音を発するより短い弦は、低いほうの音を発するより長い弦の分割によって得られるためであり、その意味で、前者は後者に従属していると言えます。そしてこの命題は、ある弦が音を発すると、その音高と協和するより高い音の弦が共鳴する（これはのちに発見される自然倍音を言いあてたものです）一方で、より低い音はそうならないという観察の結果によって実証され、さらにその根拠が、より低い音の弦の長さがより高い音の弦の短さを含むという幾何学的事実から三段論法によって示されるというように、経験と論理の両面から証明されています。

このような方法論に基づき、デカルトは協和音のなかでもオクターヴの特権性を強調します。まず、オクターヴは「すべての協和音のうち第一のもの」(AT-X, 98) です。協和音とは、2つの異なる高さの音があたかも1つの音（ユニゾン）のようにとけ合う和音のことですが、オクターヴはすべての協和音のなかでその状態にもっとも近いものです。笛が通常よりも

3）「項」は、直接的には、数比のかたちで比較される弦の長さの値を指すが、デカルトはここで、それらの弦が発する音の高低に焦点をあてている。

強い息で吹かれると、すぐにオクターヴ高い音を発したり、どんな音もそれよりオクターヴ高い音を伴って聴こえるように感じられたりするのはそのためです。このようにデカルトは、日常の経験から、オクターヴが基音（音高の基本になる音）にもっとも近い倍音であることを見抜いていました。

さらにオクターヴは、「すべての協和音のなかで最大である、つまり、ほかのすべての協和音はそのなかに含まれる」（AT-X, 99）という特性をもちます。デカルトはそれを証明するために弦の分割という伝統的な手段を用いるのですが、その方法はかなり独特なものです。

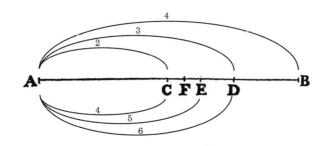

図6　デカルトによる弦の分割

図6において、1本の弦ABは点Cによって2等分されます。AC：AB＝1：2となりますから、ACとABの間にはオクターヴの関係がなりたちます。デカルトはここで、従来の音楽理論では無視されていた、ACとABの長さの差異であるCBに注目し、それを「オクターヴの間隔」（AT-X, 102）と呼んでいます。つまり、弦の長さを音高の隔たりである音程に見立てているのです。したがって、デカルトは、2音の関係としての音程とともに、1つの実体的な大きさとしての音程という、2種類の音程概念をこの1本の弦にみていることになります。

さて、このCBを今度は点Dで2等分することにより、オクターヴの分割が実行されます。このとき、AC：AD＝2：3となって、協和音の5度を形成すると同時に、AD：AB＝3：4となるので、やはり協和音の4度が生じます。つまりこのことは、オクターヴが5度と4度に分割できる

ことを、1本の弦を分割するというかたちで幾何学的に示しているのです。
　同様の手続きは、ACとADの差異であるCDにかんしても行われます。点EはCD（オクターヴの例にならえばこの部分は「5度の間隔」となるところですが、そのような表現は現れません）を2等分します。このとき、AC：AE＝4：5となり協和音の長3度を形成するのに対し、AE：AD＝5：6となり同じく協和音の短3度を形成します。このことは、5度が長3度と短3度に分割できることを示しています。
　興味深いのは、デカルトがこれらの分割を行うさいに、5度と長3度が「本来的に」あるいは「直接的に」生じるのに対し、それらの音程と同時に形成される4度と短3度については、「偶然的に」生じると述べていることです（*Ibid.*）。つまり、4度や短3度は、5度や長3度が生じるさいの偶然の産物にすぎないというのです。デカルト自身はその理由をはっきりと示しているわけではありませんが、ここでは、5度と長3度のそれぞれ高いほうの音の弦が、どちらもオクターヴをなす高いほうの音の弦と同じACであることが鍵になります。分割されるのは、より長い、つまり、より低い音の弦ですから、このACを高いほうの音の共通の弦と定め、CBを点Dで2等分することによって低いほうの音の弦を得るのであれば、それによって生じるのは、必然的にAC：ADの5度であって、AD：ABの4度はその副産物にすぎないということになるでしょう。CDを点Eで2等分する場合も同様に、AE：ADの短3度は、AC：AEの長3度の副産物ということになります。
　以上のプロセスは、デカルトにとって、「すべての協和音はオクターヴに含まれる」という命題を幾何学的に証明するものであると同時に、5度と長3度が、それらの生成過程から、協和音の筆頭であるオクターヴにより近い存在であることを示すものでもありました。
　5度と長3度が、4度や短3度に優越することは、デカルト自身の経験からもたしかなことでした。とり上げられている実例はやはり弦の共鳴です。彼が言うには、リュートなどの楽器で1本の弦が弾かれると、その弦の音高よりも5度または長3度だけ高いすべての弦が共鳴するのに対して、4度やその他の音程だけ離れている弦ではそうしたことは起こりません。この現象自体は、5度や長3度が自然倍音から生じることを示してい

るのですが、デカルトはそれが起こる理由について、5度や長3度が「それ自体として」協和音であるため「完全」であるのに対し、4度その他の協和音は「偶然的に」協和音であるにすぎず、「不完全」であるためだと説明しています（AT-X, 103）。

この「完全」「不完全」という協和音どうしのヒエラルキーは、それらの音程比を構成する数によっても示されます。デカルトによれば、1つの音（ユニゾン）には必ずオクターヴ高い音が含まれています。そのため、協和音の「完全性」を考察するさいには、そのオクターヴ高い音にも目を配る必要があることになります（これは、協和音の考察に倍音という要素が導入された最初の例です）。その1オクターヴあるいは2オクターヴ高い音は、複合協和音と呼ばれます。そうすると、単独では、5：4の長3度は4：3の4度よりも大きな数の比から構成されていますが、1オクターヴぶんプラスした「第一複合協和音」では、長3度が5：2、4度が8：3となって数の大小関係は逆転し、2オクターヴ広い「第二複合協和音」では、長3度が5：1、4度が16：3となってその差異は拡大します。こうした複合協和音を考慮したとき、長3度は4度よりも小さな数からなりたっているために「より完全」だとデカルトは主張しているのです（AT-X, 108）。協和音を構成する数比が単純であればあるほどその協和音はより「完全」だという発想は、ピュタゴラス派の音楽理論の伝統に根差したものと言えるでしょう。

このように、デカルトは、ピュタゴラス以来の「テトラクテュス」（1から4までの自然数）の比で表されるために「完全な」協和音とされてきた4度よりも、その後ザルリーノが協和音として認めたものの「不完全」とされた長3度のほうが優位にあることを、弦の分割や数比といった旧来の理論的道具立てを駆使することで証明しようと試みています。そもそも4度は、15世紀以来、実践の領域では事実上、不協和音とみなされるほど不快に響くとされた音程でしたが[4]、デカルトも同じ認識を抱いていまし

---

[4] たとえば、音楽理論家のヨハネス・ティンクトーリス（1435?～1511?）は、『対位法の書』（1477）のなかで、古人の認識に反して、4度が協和音であることは明らかではなく、単独では許容できないほど調子外れだと述べている（第1巻第5章 Tinctoris 1961, 29）。

た。彼は4度をすべての協和音のなかで「もっとも不毛」だと断じ（AT-X, 107）、その原因を、聴覚にもっとも快いとされる5度との近すぎる関係によって説明しています。つまり、ある音にはつねに1オクターヴ高い倍音が含まれているので、楽曲内で5度が聴かれるときは必ずオクターヴと5度の差異である4度も知覚されますが、4度自体の魅力は5度の魅力の大きさによってかき消されてしまうのです。同時にこのことは、5度とは異なる響きによって楽曲に多様性を与えるという、5度以外の協和音が果たすべき役割を4度が果たせないことも示しています。こうしたことから、デカルトは4度を「5度の影」と呼び（AT-X, 108）、あたかも音程としての実体をもたないかのように蔑んでいます。

これまでみてきたように、『提要』では、伝統に反して長3度を4度よりも優位に置くために、感覚による経験と数学的論理の両面からの証明が試みられていました。この問題にかんして言えば、理論によって裏づけられる協和音の「完全性」とその感覚的な快さは同じレベルに置かれているようにみえます。しかし、デカルト自身が、「完全性」という物差しではオクターヴに劣る5度を協和音のなかでもっとも快いとみなしたり、その5度も多様性に配慮して使われないと快くないと考えたりしていることからも明らかなように、両者は必ずしも連関しているわけではありません。その見方は、その後のデカルトの協和音論のなかにはっきりと現れてきます。

2-2. 協和音の快さの相対性

デカルトは『提要』以外に音楽にかんする体系的な著作を残していませんが、その後も音楽に大きな関心を抱いていました。彼は、8歳年上の修道士で、フランス内外の知識人との膨大な手紙のやりとりを通じて神学や自然科学についての情報を収集・発信していたマラン・メルセンヌ（1588〜1648）[5]への手紙のなかで、たびたび音楽にかんする話題に触れてい

5）メルセンヌ自身も、音楽理論、とくに音響学に大きな関心を抱いていた。大部の著作『万有の調和』（1636〜37）では、音高が弦の振動数によって決定されることをみずから実験することによって実証しているほか、物理現象としての自然倍音の存在を初めて公に認めている。

す。そのうち、1631年10月の手紙では、協和音について次のように書いています。

> 協和音のなめらかさにかんしては、2つのことを区別すべきです。つまり、それらの協和音をより単純で協和したものにすることと、それらを耳により快くすることです。さて、協和音をより快くするものについては、それらが使われる場所によります。また、減5度やほかの不協和音でさえも協和音より快い場所があるので、ある協和音がほかの協和音よりも快いということを絶対的に決めることはできないでしょう。しかしながら、通常は、3度と6度は4度よりも快く、陽気な歌では長3度と長6度が短3度と短6度よりも快く、悲しい歌では逆である等々とたしかに言うことができます。というのは、それらを快く〔響くように〕使うことができるケースがより多くあるからです。(AT-I, 223)

ここでデカルトは、協和音の協和度と、それが聴覚に与える快さとを明確に切り分ける必要性を説いています。後者については楽曲内での使われ方による相対的なものなので、その意味では、不協和音でさえも協和音と同じ資格をもつと言えます。他方で、3度や6度は4度よりも快いとか、楽曲の気分に応じてより快い3度や6度があるなど、経験的・習慣的な判断に言及していますが、こうした判断が一般に共有されていたものだとしても、この手紙では、それについての客観的な基準や、『提要』にあったような理論的な根拠が示されているわけではありません。

それに対して、協和音の単純さ・協和度については絶対的な基準が存在します。それは、協和する音どうしがとけ合って1つの音高（ユニゾン）の状態に近づく度合いの大きさです。そこで注目されるのは、その協和度について、もはや抽象的な数学的論証ではなく、もっぱら自然現象に即した物理学的な視点から説明されていることです。デカルトは同じ手紙のなかで、音を「私たちの耳をくすぐりにくる空気の何らかの振動」と定義して、音高が高ければ高いほどその振動の往復は急である（振動周期が短い）と想定しています（AT-I, 223f.）。それにしたがえば、協和度は2音の振動周期が一致する頻度に応じて絶対的に決定することができます。そのため、低いほうの音が3回振動する間に高いほうの音が4回振動するとい

う周期で2音による空気の波が同時に耳に訪れる4度のほうが、低いほうの音が4回振動する間に高いほうの音が5回振動するという周期で空気の波が同時に耳に訪れる長3度よりも協和度は高いということになるでしょう。これは結局、2音の振動数の比が単純であればあるほど協和度が高いということを意味しており[6]、数比の単純さが協和度の指標とされる限りでは、弦の長さの比が単純であればあるほど、協和度はより高いとする旧来の発想と根本的には変わるところはありません。

しかし、このことは4度が長3度よりも快いということを意味するわけではありません。音の協和度の高さはその協和音に対する快・不快の判断とは一義的な関係をもたないのです。たしかに、デカルト自身が指摘するように、各音程の快さは楽曲の進行に即して判断されるべきものであり、楽曲全体の文脈を無視して単独の音程のみの快・不快を議論することは、実際に音楽を聴く経験とは大きく乖離していると言わざるをえないでしょう。

おわりに

音楽が数学的学問とされたことは、音の調和としてのハーモニーを探究するうえで欠くことのできない前提条件でした。音楽は聴覚の対象ですが、人間の聴覚はチューナーのように正確だとは限りません。その脆弱性を踏まえたうえで、ハーモニーを一般化して説明するには、判断がぶれることのない知性による把握が必要不可欠だったのです。そこでピュタゴラス派の音楽理論は、音高を数値化して、その関係性である数比によって音程を理解しました。そして、その数比が単純であればあるほど、その音程はより協和して快いという原則を打ち立てたのです。ザルリーノは協和音を規定する数の限界を4から6に拡大し、デカルトは4度よりも長3度のほうが優位にあって聴覚に快いことを証明しようとしましたが、両者ともピュタゴラス派の原則から基本的に逸脱することはありませんでした。

---

6) この考え方はすでにベークマンが提唱していたもので、『提要』にもそれへの言及がみられる (AT-X, 110)。17世紀西欧の自然科学の世界で広く普及したこの理論を、コーエンは「協和音の一致理論 (The Coincidence Theory of Consonance)」と呼んでいる (Cohen 1984, Chap. 3)。

むしろ重要なのは、ザルリーノが抽象的な数の操作ではなく幾何学を用いて具体的な弦の長さを導いたり、デカルトが倍音という自然現象に着目することによって4度が長3度よりも劣っていることを証明し、また、音による空気の振動という物理的要因から協和現象を説明したりしているように、数学的学問としての音楽がその内実を微妙に変化させていることです。それは、「科学革命」をむかえ、自然観そのものに大きな変動が生じつつあった時代の要請に対応したものだったと言えるでしょう。その流れが加速度的に進むのは、18世紀の音楽理論においてです。

引用文献
・ザルリーノの著作
Zarlino, Gioseffo. 1558. *Le istitutioni harmoniche*. Venezia: L'autore (fac., 1965); Rev. ed., 1573. Venezia: Francesco de i Franceschi Senese (fac., 1966).（部はローマ数字、章は算用数字で示す）

—. 1571. *Dimostrationi harmoniche*. Venezia: Francesco de i Franceschi Senese (fac., 1965/1966).

—. 1588. *Sopplimenti musicali*. Venezia: Francesco de' Franceschi, Sanese [*sic*] (fac., 1966/1979).

・デカルトの著作
アダン・タヌリ版 *Œuvres de Descartes*, publiées par Charles Adam & Paul Tannery, Paris: Vrin, 1996（ATと略記し、巻はローマ数字で示す）を用いた。

※本章で扱ったデカルトの著作の日本語訳
　「音楽提要」、『増補版デカルト著作集4』東京：白水社、2001年所収。
　『デカルト全書簡集』第1巻、東京：知泉書館、2012年。

・そのほかの著作
アリストテレス 1997『天について』京都：京都大学学術出版会。

Cohen, H. Floris. 1984. *Quantifying Music: The Science of Music at the First Stage of the Scientific Revolution, 1580–1650*. Dordrecht: D. Reidel.

Fogliano, Lodovico. 1529. *Musica theorica*. Venezia: Giovanni Antonio & Fratelli de Sabio (fac., 1969).

Mersenne, Marin. 1636-37. *Harmonie universelle, contenant la théorie et la pratique de la musique*. Paris: Sebastien Cramoizy (fac., 1986).

Riemann, Hugo. [1898] 1961. *Geschichte der Musiktheorie im IX.–XIX. Jahrhundert*. 3te Auflage (Nachdruck der 2ten Auflage). Hildesheim: Georg Olms Verlag.

Tinctoris, Johannes. 1961. *The Art of Counterpoint (Liber de arte contrapuncti)*. Rome: American Institute of Musicology.

第 2 章

自然と音楽
――和声を科学的に説明する――

はじめに

　前章でみてきたように、音楽の理論はギリシャ・ローマ時代から自由学芸のうち数にかかわる四科（算術・幾何学・音楽・天文学）の枠組みで論じられ、音組織における数比の構造に主な関心が向けられてきました。18世紀に入ると、そこに物理学という新たな観点が加わります。その契機となったのは、フランスの物理学者で音響学の祖とも言われるジョゼフ・ソヴール（1653～1716）が1701年にパリ王立科学アカデミーで発表した自然倍音にかんする論文でした。この現象についてはデカルトやメルセンヌがすでに指摘していましたが（第1章参照）、これを音響学的観点から明快に論じたのがソヴールでした。そして、この論考に関心をもったフランスの大作曲家ジャン＝フィリップ・ラモー（1683～1764）は、物理学的現象である自然倍音列を真っ先に和声理論にとり入れ、音楽理論史に決定的な発想の転換をもたらしたのです。

　しかし、自然倍音列は音楽の万能の原理にはなりませんでした。それゆえ、ラモーはしだいに非科学的で神秘主義的とも言えるような議論に没頭するようになります。このような傾向はラモーに留まらず、18世紀の音楽理論の重要な担い手であった科学者や数学者の言説にもみられます。

　本章ではまず、1）18世紀随一の音楽理論家ラモーが和声をいかに自然から導こうとしたのか、それが当時どう受け止められたのかを時間軸に沿って概観します。ラモーは自然倍音列から和声を基礎づけようとしましたが、2）古くからの伝統にしたがって、「数比」から協和音程を説明しようとした人や、3）ラモーとは異なる物理学的説明を示した人もいます。本章の後半では、ラモーと同時代を生きた理論家や科学者たちがどのように和声(ハーモニー)を理論化しようとしたのかを検証してみましょう。

1. ラモーの飽くなき夢——和声を自然の原理から説明したい

　和声を自然の原理から科学的に説明し、一流の科学者として認められたい。これはラモーが生涯抱き続けた壮大な夢でした。ラモーは分かりにくい規則にあふれていた音楽をより簡単に学べるようにしたいと考えます。こうして初めての理論書『自然の諸原理に還元された和声論』(1722)で打ち出されたのが「根音バス[1]」の概念でした。

譜例1　通奏低音と根音バスの例（Rameau 1722, 325）

　この時代には「数字付きの通奏低音」が広く用いられていました。通奏低音とは即興的な和声実践を伴うバス声部であり、数字で音程が示されます。通奏低音の演奏にはチェロやヴィオラ・ダ・ガンバなどが用いられ、クラヴサン奏者やリュート奏者らが即興で和音を演奏しました。譜例1では2段目の声部が通奏低音にあたります。ここに付された数字をもとに和声付けすると、以下のようになります（譜例2）。

譜例2　通奏低音の和声付けの例

---

[1]「基礎低音」とも訳されるが、本書では「根音バス」で統一する。

譜例1の3段目にはラモーが提唱した「根音バス」が示されていますが、その説明に入る前に、和音の基本形と転回形についておさらいしておきましょう。ラモーが「長完全和音」と呼ぶ長三和音（たとえばドミソ）は根音（ド）、その3度上の音（ミ）、5度上の音（ソ）の3音からなっています。さらにこの和音には、どの音が最低音にくるかによって、基本形（ドミソ）、第1転回形（ミソド）、第2転回形（ソドミ）の3通りのかたちがあります。この転回の概念は、オクターヴ関係にある音は同一とみなす「オクターヴの同一性」という考え方に基づきます[2]。

ここでラモーによる和音の分類にも触れておきましょう。表1は『和声論』に示された主な和音をリストアップしたものですが、ここではとくに、現在の長・短三和音にあたる「長・短完全和音」が協和音、その他の和音が不協和音と大きく2つに区分されていることに注意してください。

それでは「根音バス」の説明に戻りましょう。通奏低音が実際に演奏さ

表1　ラモーによる和音の分類

	ラモーによる名称		現在の名称	例
協和音	長完全和音		長三和音	ドミソ
	短完全和音		短三和音	ドミ♭ソ
主な不協和音	七の和音	ドミナント・トニックの和音	属七の和音	ソシレファ
			長七の和音[3]	ソシレファ♯
			短七の和音	ソシ♭レファ
			減五短七の和音	ミソシ♭レ
	サブドミナントの和音		付加六の和音（Ⅱ度上の七の和音の第1転回形）	ファラドレ
その他の不協和音	減七の和音		減七の和音	ソ♯シレファ
	九の和音		九の和音	ミソシレファ
	十一の和音		十一の和音	ドミソシレファ

2）和音の転回の概念については、ラモー以前の1612年にヨハネス・リッピウス（1585〜1612）が指摘している。
3）長七の和音以下の名称は、それぞれの和音に含まれる音程（たとえば長7度）に由来する。

れるバス声部であることは先に述べましたが、根音バスとは和音を基本形に戻したさいの最低音である根音をつなげた理論上のバス声部を指します。譜例1の3段目に示されている根音バス声部の第1小節の2拍目を見てください。ここで実際に演奏されるのはシレファソという和音ですが、根音バスはソであり7という数字がついていることから、この和音が属七の和音（属音上の七の和音）ソシレファの第1転回形であることが分かります。表1に示したラモーの用語にしたがうなら、「ドミナント・トニックの和音」の第1転回形ということになるでしょう。このように実際に演奏される各和音をひとまず基本形に戻して、和音の本来の最低音である「根音」を特定し、それを一列に並べることで、それまでみえてこなかった音楽の骨格をくっきりと浮かび上がらせたというのが、ラモーが音楽理論史にもたらした最大の功績だったのです。これにより特定の調において各和音がどの音度上にあるか、ひいては各和音にどのような機能があるかということにも必然的に関心が向けられるようになっていきます。このラモーの根音バス理論は瞬く間にフランス国内外へと広まり、高い評価を得ました。

　しかしラモーの真の目的は、理論書の表題にも明示されているように、音楽を自然の原理から説明することにありました。『和声論』ではザルリーノやデカルトを踏襲してモノコルドの分割から長三和音と短三和音を説明していましたが、その後、自然倍音にかんするソヴールの論考を知って深い感銘を受けたラモーは、『音楽の新体系』（1726）以降、物理学的現象である「音響体の共鳴」を自然の原理として用いるようになります。

　音響体とは「音を発するあらゆる物体」（Rameau 1737, Pvr）を指しますが、ここではドという音を発する1本の弦が音響体であるとしましょう。この弦を振動させると1オクターヴ上のド、ソ、2オクターヴ上のド、ミといったように自然倍音が響きます（序章参照）。第1章で確認したように長三和音を構成する完全5度や長3度はそれまでモノコルドの分割から説明されてきましたが、ラモーはこれらの音程の起源を自然倍音列に見出したのです（*Ibid.*, Piiijv）。西洋音楽でもっとも重要な和音とも言える長三和音を自然の現象から引き出すという斬新な発想は、音楽家だけでなく啓蒙思想家や科学者をも惹きつけました。

ラモーの理論がもてはやされた背景には、物理学が隆盛した時代に、物理学的な現象である自然倍音を和声理論の論証に導入したことが関係しています。ラモーが生きた18世紀は「啓蒙（光）の世紀」と呼ばれますが、その背後には、それまで人間を支配してきた迷信と偏見の闇を理性の光によって打破するという考え方がありました。この「理性」による世界の解明という啓蒙思想の理念には、「科学」による世界の解明という意味が強く込められています。とりわけニュートン力学に代表される物理学は多くの知識人を魅了していました。それゆえ、いち早く和声理論の根拠を物理学的な現象である自然倍音に求めたラモーの理論は一世を風靡したのです。

　しかしラモーは大きな問題に突きあたります。長三和音は自然倍音からうまく導けましたが、長三和音とともに重要な「短三和音」は同じ方法では説明できません。それは短三和音を特徴づける根音の短3度上の音が、ラモーが理論上認めた第5倍音までには含まれていないためです[4]。そこでラモーが理論的根拠としたのがジャン＝ジャック・ドルトゥス・ドゥ・メラン（1678〜1771）という天文学者の仮説に基づく2本の弦の共鳴実験でしたが、この辺りから雲行きが怪しくなります。

　ラモーが用いたのは、もとになる弦の長さを1としたとき、弦長比が倍数（2、3、4、5など）となる2本の弦は、共鳴することで下方に音を発生するという実験です[5]。たとえば図1のように、2つの弦のうち1本をド、もう1本を1オクターヴと完全5度低いファが出るように、つまり2音の音程が完全12度になるように調弦し、短いほうの弦（ド）を振動させると、長いほうの弦に節が2つ現れ、3分割されたそれぞれの部分がドの音を響かせると同時に、長い弦の全体が振動しファの音が暗に聴こえるというのです。また、基準となる弦（ド）の5倍の長さの弦を設定することで、長17度下のラ♭が聴こえるとされます。ラモーは、短三和音が長三和音に比べれば「完全さや自然さという点では劣る」と認めながらも、

4）ラモーは自然倍音列を和声の原理とするにあたり、第7倍音は低すぎる短7度、第11倍音は高すぎる増4度、第13倍音は低すぎる長6度であるという理由で排除し、理論上使用する倍音列を第5倍音までに限定している（Rameau 1737, 62）。

5）この実験は19世紀にリーマンらが主張した下方倍音列とは似て非なるものであることに注意されたい。第4章参照。

1つの音響体から上方に長三和音、下方に短三和音を引き出せたことに満足しました。

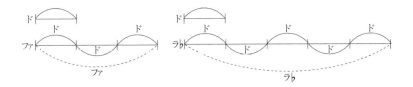

図1　2本の弦の共鳴実験のイメージ

しかし残念ながら、この実験では低弦は振動するものの、全体が振動してファやラ♭が鳴ることは実際にはありません。振動するのは節によって分割された部分のそれぞれだけで、聴こえるとしたらユニゾン（ド）だけです。この点でラモーは多くの理論家から批判を受けることになります。

ラモーは和声進行についても、自然の原理である音響体から説明できると考えました。ラモーの理論では「根音バスは完全5度にのみ進行する」という規則があり、根音バスの2度進行は理論上は認められません。これは完全5度が音響体から引き出される自然な音程であることに関係しています。ただし実際には完全5度だけで進行するのは難しく、たとえば「完全終止」と呼ばれる曲の終わりにみられる典型的な和声進行では、根音バスの2度上行は避けられません（譜例3左）。そこでラモーは、ド-レの2度上行を理論上回避するために架空のファがあると想定し（譜例3左では三角旗と呼ばれる「w」のような印がへ音記号のファの位置に示されている）、ド-レ-ソ-ドではなく、ド-ファ、レ-ソ、ドという完全5度（あるいは完全4度）の進行であると解釈しました（譜例3右）。こうすることで和声進行も音響体の共鳴から説明できるとしたわけです。

18世紀初頭には、19世紀末にリーマンが提唱したいわゆる機能和声の基盤となる長調・短調の区分が音楽実践上は用いられていたにもかかわらず、依然として完全には理論化されていませんでした。ラモーの根音バス理論を、機能和声の枠組みで論じるのは歴史的には正しくありませんが、根音バスの進行を完全5度に限定するというラモーの考え方は、結果として、近代和声の骨幹ともいえるドミナントからトニックへの和声進行を重

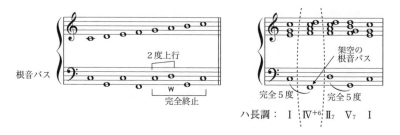

譜例3　和声進行の例（Rameau 1737, fig.15）
※原典はト長調だが便宜上ハ長調に書き換えた。右の譜例と和声記号は執筆者による。IV⁺⁶は表1（本章50頁）のサブドミナントの和音のこと。

視したものとなっています。フランスを代表する作曲家でもあったラモーが、音楽実践で培われた調性感を彼なりのやり方で理論化したのが、この和声進行の説明だったのではないかと想像してみるのも面白いかもしれません。

　1750年頃になるとラモーはしだいに、音響体を中心とした独特な世界観を前面に押し出すようになります。自身の『論考』（1749）がパリの王立科学アカデミーから承認され、歓喜したラモーは、これをより野心的に書き直した『和声原理の証明』（1750）を発表し、ヨーロッパ各地の著名な数学者や物理学者に送付して物議を醸しました。この著作でラモーは大胆にも、和声や旋律、調など音楽のあらゆる規則は唯一の原理である音響体から引き出されると主張しています。デカルトに魅せられて数学のモデルを音楽に適用しようとしたラモーは、数学者が最小限の原理からさまざまな数比を導き出すように、音楽も唯一の原理から多くの帰結を引き出すようなものであるべきだと考えたのです。この原理とは、モノコルドの分割から引き出される数比ではなく、自然倍音列を生み出す「音響体の共鳴」であるというのがラモーの主張でした。その極端な思い込みは留まるところを知らず、幾何学が対象とするあらゆる数比は音楽から説明できるなどと述べて、数学者ジャン・ル・ロン・ダランベール（1717〜83）らの強い反感を買うことになります。

　音響体の共鳴は音楽作品にも応用されています。ラモーはオペラ《ピグマリオン》（1748）の第5幕の合唱が「愛が勝利する」と歌いあげる場面で、ファを基音とする倍音列に基づく和音を壮大に響かせるのです。その

効果に満足したラモーは、これを「和声の勝利」と描写し、自画自賛しています（Rameau 1755, 33-34; Christensen 1993, 228-31）。

　ラモーは最晩年になると、音響体をあらゆる学問や芸術の起源であると考えるようになります。「音響体のなかに我々を照らす（啓蒙する）太陽を見たような気がする」（Rameau [1764?]）などと述べ、ある種の神秘主義思想に走ったラモーは、自らの理論の信憑性を完全に失いました。唯一の原理による科学的説明にこだわったがゆえに、その理論はかえって非科学的な様相を呈し、啓蒙思想家や科学者らとの思想的な溝をますます深めることになったのです。ダランベールやジャン＝ジャック・ルソー（1712〜78）は、かつて尊敬していたこの大理論家への失望を隠しませんでした。おそらく誰もが音響体の共鳴を「素晴らしい発見」と評価してはいましたが、比の単純さや自然倍音列から音楽のあらゆる要素を説明することはできないということに気づき始めていたのです。ラモーの『和声原理の証明』の執筆を手伝ったとされる啓蒙思想家ドゥニ・ディドロ（1713〜84）でさえ、「ラモーは理解しがたい幻想や黙示録的な真理を示しながら音楽理論を論じた」（Diderot 1891, 5-6）などと皮肉を述べ、あくまで音響体にこだわる老人を「哲学者ラモーはじつに利己的で〔中略〕娘や妻がいつ死んだってかまわない。娘と妻を弔って鳴らされる小教区の鐘が 12 度と 17 度を共鳴させ続けさえすれば、すべてよしなのだ」（*Ibid.*, 10-11）と揶揄しています。

　ラモーの音楽作品は J. S. バッハと同様、後期バロック特有の極度な複雑さを特徴としています。それゆえ 18 世紀中庸にフランスで流行した、単純な旋律や和声を特徴とするイタリア音楽に比べて時代遅れのものとして、同時代の人から背を向けられるようになっていました。フランス音楽とイタリア音楽の優劣を問うたブフォン論争（1752〜54）で、伝統的なフランスのオペラ（トラジェディ・リリック）を支持するラモーが、イタリアの喜劇オペラ（オペラ・ブッファ）を擁護する啓蒙思想家ルソーと論戦を交わしたのは有名な話です。

　しかし理論にかんして言えばラモーは正反対の方向を目指しました。「根音バスのなかに和声と旋律の原理を見出し、それまで経験に基づく恣意的な規則にゆだねられていた音楽の理論を、よりたしかで単純な法則に

還元する」(Alembert 1751, xxxij) ことで、前世紀の思弁的な理論と音楽実践の統合を見事にやってのけたのです。『和声論』の出版から 300 年近くの時を経てなお私たちがラモーの和声理論の核となる部分を使い続けていることからも、その理論がいかに先駆的であったかが分かります。

　ラモーの理論に科学的誤謬が含まれていることは否定できません。自然のなかに音楽の理論的基盤を見出し、それを科学的に証明するべくもがき苦しんだその姿は、私たちの目には異様なものと映るかもしれません。しかし音楽を自然から説明したいという欲求は、じつはラモー特有のものではなく、ラモーを批判した知識人たちでさえ、自然から音楽を導くという魅惑的な夢を完全には無視できずにいました。以下ではラモーと同時代の思想家や科学者たちの言説を手がかりに、当時、和声がどのような思想的背景のもとに論じられていたのかを探ってみましょう。

2. 数比から協和音程を説明できるか？

　完全5度は3:2、純正長3度は5:4といったように協和音程が単純な数比から説明できるという事実は、古くから多くの音楽理論家の関心の的でした（第1章参照）。18世紀になり自然倍音列という物理学的基礎が和声理論に加えられたあとも、この数的思弁は消し去られたわけではなく、ラモーも初期の著作では調和分割から長三和音を説明していました[6]。以下では、音楽における「美」を比の単純さから説明しようとした『百科全書』編集者ディドロと、そこに孕む問題点を指摘した啓蒙思想家ルソーとのやりとりをみてみましょう。

　ディドロが、和声の物理学的基礎づけに固執した晩年のラモーを揶揄したことは先に述べましたが、彼はそれ以前から音楽に関心をもち、音響学についての論考 (1748) も執筆しています。この著作では、「音楽の喜びは音の比の知覚にある」とされ、協和音を聴いたときに感じる「喜び」が数比の単純さに関連づけられています。

　ディドロはそもそも、喜びは一般に「比／関係の知覚」にあり、詩、絵

---

[6] ラモーは調和分割による音程の生成方法をザルリーノに学んでいる。

画、建築などあらゆる芸術や学問でこの原理が成立すると考えていました（Diderot 1748, 73）[7]。音楽にかんしては、長・短三和音に含まれる音程は単純な比でできていて、その比により我々の魂が揺さぶられるのは経験から明らかではあるものの（*Ibid.*, 80-81）、完全5度やオクターヴなどの比の知識がなくても「音と音の間、あるいは音とほかの物体との間に比／関係があることに気づき、感じるだけで」美しさが知覚できるという特徴があると説明しています（Diderot 1751, 176）。

　音楽を含めた芸術一般における「美」の根拠を「比／関係」に求めるというディドロの説は興味深いものですが、この説を音楽にあてはめるのは、少し無理があります。これについては、ディドロの親友で、『百科全書』に音楽関連項目を350ほど寄稿しているルソーが理にかなった見解を述べているのでみてみましょう。

　ディドロの考えにしたがえば、単純な比をもつ音程は耳に快い協和音程であり、複雑な比をもつ音程は不協和音程である、ということになります。しかし、オルガンやクラヴサンなどの鍵盤楽器の調律ではそもそも、すべての音程が純正になることはありません。たとえば当時広く用いられていた、純正長3度の美しさを優先する「中全音律」と呼ばれる調律法では、5度は必然的に、単純な比で構成された純正5度（3：2）よりもわずかに狭い5度という複雑な比をもつ音程となります。ここからルソーは、ディドロの仮説が正しければ「完璧に調律されたクラヴサンは聴くに堪えない恐ろしく不快な音を発することになる」と批判するわけです。さらにルソーは「純正5度からのずれが小さければ小さいほど音程の比は複雑なものになる」ことを踏まえ、ディドロの説にしたがえば「ほんの少しだけ音程をずらした5度は、大幅にずらした5度よりも不快なものになるはずだ〔が実際は異なる〕」と述べ、ディドロの論理的矛盾に鋭く切り込んでいます（Rousseau 1765, 58）。

---

[7] ディドロが美の根拠として挙げた「比の知覚」の原語は "perception des rapports" であり、日本では一般に「関係の知覚」と訳されている。ベアトリス・ディディエが述べているように、「比 rapport」という語の意味は曖昧で、純粋に数学的な「比」の意味だけでなく、心理学や美学分野にも繋がる「関係」の意味も含まれている（Didier 1985, 334）。

さらにルソーは、オクターヴ（2:1）はユニゾン（1:1）より心地よく、5度（3:2）はオクターヴよりも心地よいと感じる人がいることや、第5倍音と第6倍音の間にできる短3度（$\frac{6}{5}$）は協和音程であるのに、第6倍音と第7倍音の間の短3度（$\frac{7}{6}$）は「ひどく恐ろしい不協和音程」となることを引き合いに出し、協和音程の心地よさと数比の単純さの間に関係性はないと結論づけています（Rousseau 1754, 51）。このように一見うまくいっているようにみえるディドロの「比／関係の原理」の主張は、実際には、音律や第7倍音の扱いという問題にぶつかってしまうのです。

さて、この時代に数比から音程を説明しようとしたのはディドロだけではありません。18世紀を代表するスイスの数学者レオンハルト・オイラー（1707〜83）もまた、音階や協和・不協和の度合いなどを数学的根拠から

表2　オイラーによる各音程の比と協和の度合いの抜粋（Euler 1739, 112）

音程名	2音の比	尺度[8]	魅力の度合い
小半音[9]	25:24	0.058894	14
大半音	16:15	0.093109	11
短2度	10:9	0.152004	10
長2度	9:8	0.169924	8
短3度	6:5	0.263034	8
長3度	5:4	0.321928	7
完全4度	4:3	0.415037	5
完全5度	3:2	0.584962	4
短6度	8:5	0.678071	8
長6度	5:3	0.736965	7
オクターヴ	2:1	1.000000	2

8）この行の数値は1オクターヴが「1」の場合の尺度、つまり各音程の幅を表している。
9）小半音とは、純正長3度（5:4）と純正短3度（6:5）の差で25:24の比で表される。大半音とは、純正長3度（5:4）と完全4度（4:3）の差で16:15の比で表される。

理論化しようとしています。オイラーはラテン語による『新しい音楽理論の試み』（1739）で、ディドロよりも具体的に、各音程の協和の度合い（オイラーは「魅力の度合い」と表現している）を数値で示しています。表 2 の「魅力の度合い」では、数値が低いほど協和するということになります。このオイラーによる包括的な音程のリストは興味深いものですが、いくつか気になる点も含まれます。たとえば長 2 度と短 3 度から感じる快さは等しく、長 3 度と短 3 度から受ける快さが異なるとされている点は、長三和音と短三和音の等価性を理論上の前提に据えたラモーの立場とは一線を画するものと言えます。

3．和声の物理学的基礎づけのさまざまな試み

　ラモーが自然倍音列に和声の根本原理を見出そうとしたことはすでに述べましたが、和声理論の物理学による基礎づけは、ほかの理論家や科学者にとっても魅惑的な夢でした。フランスの科学者でモンペリエの王立科学協会会員のピエール・エステーヴ（1720 〜 79 以降）は、自然倍音列をラモーとは一味違ったやり方で用いながら協和音を説明しています。その著書『和声原理の新発見』（1752）で示されたのは、協和・不協和は音程を構成する 2 音が上方倍音をどれだけ共有しているかによって決定されるという独特な定義でした。協和音程には 2 音が共有する倍音が互いに支え合うことで和音をより快いものにするという特性があり、2 音の間に共有する倍音が多ければ多いほど協和し、逆に共有する倍音が少ないほど不協和となると言うのです。エステーヴの著作は和声の実践的側面を扱ったものではありませんが、この協和の定義はある程度、理にかなっており、ルソーにも高く評価されています。共通部分音を根拠とする協和の定義は 19 世紀の物理学者ヘルマン・フォン・ヘルムホルツ（1821 〜 94）によるものとして知られていますが、エステーヴはその 100 年以上も前にこの定義を提示していたことになります。

　最後に、差音の現象を用いた一風変わった和声理論を紹介しましょう。イタリアの作曲家ジュゼッペ・タルティーニ（1692 〜 1770）は優れたヴァイオリニストで《悪魔のトリル》の作曲者として有名ですが、「差音」

の現象の発見者としても知られています。差音とは、振動数の異なる2つの音を同時に鳴らしたときに聴こえる、2つの音の振動数の差にあたる音で、今日、2つの音の周波数の和にあたる、ほとんど聴き取れない加音とともに結合音と呼ばれているものです。たとえば、純正3度（$\frac{5}{4}$）ドミでは、$\frac{5}{4} - 1 = \frac{1}{4}$、つまりドの2オクターヴ下の音が聴こえます（譜例4、3つ目の例）。タルティーニは1714年にアンコーナのオペラ劇場で初めて、ヴァイオリンが発する音のなかに差音を発見し、これを「第3音」と呼びました[10]。なお当時、差音は物理学的現象と考えられていましたが、現在では聴覚にのみ生じ、実際には存在しない主観音であることが分かっています。

譜例4　差音の例

　タルティーニは『真の和声学に基づく音楽論』（1754）で、差音の現象を和声の基礎づけに用いています。ラモーは自然倍音列を根拠に、根音（基音）から和音の構成音を物理学的に導こうとしましたが、ラモーのやり方では根音そのものは物理学的に証明できません。他方、差音の現象では2音の下方に音が聴こえるため、差音は上方の2声部から生み出された根音バスであるとタルティーニは考えたのです（Tartini 1754, 17）。こうして根音バスそのものを物理学的に導くことができたと考えたタルティーニは、差音に基づかない根音バスは不合理で人為的なものであるとさえ述べています（Ibid., 17）。つまりタルティーニは「差音」をラモーの「音響体」にとって代わる和声の源泉ととらえていたのです。タルティーニによる譜例5では、バス声部全体が差音の現象から導かれています。

10）差音の現象については、タルティーニよりも前にドイツの理論家ゲオルグ・アンドレアス・ゾルゲ（1703〜78）が『作曲法序論』（1745〜47）で指摘しているが、タルティーニは自分が差音の発見者だと主張している。

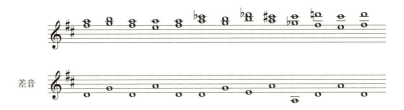

譜例5　差音の現象から導き出される低声部（Tartini 1754, 17）

しかし、差音の現象もやはり普遍的な和声原理にはなりませんでした。譜例6に示されているように、長三和音（レファ♯ラ）を構成する長3度（レファ♯）と短3度（ファ♯ラ）の差音は、いずれもレとなるため、長三和音の根音は差音から説明できます。他方、短三和音（レファラ）から引き出される差音は、長3度（ファラ）からはファ、短3度（レファ）からはシ♭であり、根音（レ）の根拠とはならないのです。

譜例6　長三和音と短三和音から引き出される差音（Ibid., 67-68）

差音の現象が長三和音以外の和音も説明できるような普遍的な原理にはならないことを悟ったタルティーニは、「物理学と数学的論証を結びつける」ことでその糸口を探ろうとします（Ibid., 20）。また、その「統一」が円の半径と円周の関係のなかに見出されると考え、円の性質からさまざまな音程の基礎づけを試みます[11]。その説明はやや複雑なため、難しいと感じたら本節の最終段落まで読み飛ばしてもかまいません。

タルティーニは、まず円の直径 AB を調和分割します（図2）。AB：Aa：Ab：Ac：Ad：Ae $= 1 : \frac{1}{2} : \frac{1}{3} : \frac{1}{4} : \frac{1}{5} : \frac{1}{6}$ となり、仮に直径を120

---

11) タルティーニは円の中心たる「統一体 unità」から無数の半径で結ばれた円周が生まれると描写し、円をもっとも重要な図形ととらえている（Tartini 1754, 21）。

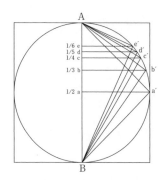
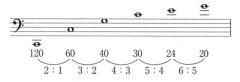

譜例7　円の直径 AB を調和分割することで導かれる音

図2　直径 AB を調和分割した円

とすると AB：Aa：Ab：Ac：Ad：Ae＝120：60：40：30：24：20 となります。AB をドとすると、この比例から譜例7に示した音が導かれます。

　さらにタルティーニは、調和分割した円の直径 AB の各調和点に向かって円周から垂直に降ろした線分をそれぞれ2乗します。つまり円の直径を120 とすると aa′＝60、bb′＝56.56854249、cc′＝51.96152423、dd′＝48、ee′＝44.72135955 となり、それぞれの2乗は $aa'^2 = 3600$、$bb'^2 \approx 3200$、$cc'^2 \approx 2700$、$dd'^2 = 2304$、$ee'^2 \approx 2000$ となります。その結果、近似値ながらも以下の音が導かれます。

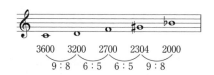

譜例8　円の線分 aa′、bb′、cc′、dd′、ee′ を2乗することで導かれる音 (*Ibid.*, 74)

　タルティーニは円の性質から引き出される諸音、つまり譜例7と譜例8に示された諸音のなかに「不協和音」の定義を見出します。この2つの譜例を組み合わせたのが譜例9ですが、2番目の和音に注目すると、ドソとソレの2つの5度からなる9度が見出せます。同様に、4番目の和音には2つの長3度からなる増5度（ドソ♯）、5番目の音には2つの完全4度からなる短7度（ドシ♭）が含まれています。ここからタルティーニは「一

般にオクターヴ以外の同じ音程を 2 つ内包する和音はすべて不協和になる」と不協和音を定義しています（*Ibid.*, 74）。タルティーニは、円の性質のなかにこそ、不協和音も説明しうる普遍的な和声原理があると信じていたのです。

譜例 9　タルティーニによる不協和音程の説明（*Ibid.*, 74）

　タルティーニの著作には数学的誤謬が少なからずあり、当時から批判が絶えませんでした。また、その理論は総じて結論先にありきで、数学的説明の多くは後付けのようにも感じられます。しかし面白いことに、この理論は、ラモー理論の科学的信憑性を批判していたはずのルソーやダランベールに高く評価されています。締めくくりに、この一見矛盾しているようにもみえる彼らの言説が何を示唆しているのか、考えてみましょう。

おわりに
　ここまで述べてきたように、科学の光によって偏見の闇を照らし真理を追究するという啓蒙主義の潮流のなかで、18 世紀の和声理論は主に、1) 数学的論証、2) 物理学的論証という 2 つの観点から論じられてきました。
　1) 初期のラモーの著作やディドロらの言説にみられる、協和音程を単純な数比から引き出したいという欲求は、「音楽の根底に単純な数比に基づく秩序があるはずだ」という古代ギリシャ以来の音楽理論的伝統を継承したものと言えます。単純な比を重視するという考え方は、世界全体が数や数比で構成されているというピュタゴラス派に遡るものですが、この考え方は、ソヴールによる音響学研究とラモーによるその和声理論への応用により、物理学的実験が数比よりも重視されるようになった 18 世紀になっても存在し続けました。しかしルソーが正しく見抜いていたように、すべての音程が純正であるような音階や音律が実現不可能である以上、単

純な数比から音楽の「美」を説明しようという試みもまた見果てぬ夢でした。それは、鍵盤楽器の導入や複雑な転調の使用といった当時の音楽実践との整合性の問題も孕んでいました。

2) 自然倍音列という物理学的現象をいち早く和声理論の基礎づけに用いたラモーの理論は高い評価を受け、ほかの理論家もそれに追随しました。しかし実際に説明できたのは長三和音のみで、短三和音などは自然倍音列から直接導くことはできませんでした。それゆえに、ラモーは低弦の共鳴実験という物理学的虚構を用い、タルティーニは差音や円の性質に和声の真の原理を見出そうとしました。より普遍的な和声原理を追究したこの２人の理論家は、理論上の欠陥を埋め合わせるために真実をねじ曲げ、結果的にその理論は啓蒙思想の下に消し去られたと思われた神秘主義的傾向を帯びるものとなりました。

実を言えば、根本的な問題は、唯一の音響体からすべてを説明しようとしたことにあります。西洋音楽はそもそも完全５度・長３度・短３度の連鎖のうえになりたっていて、短７度は第７倍音に由来するわけではなく、完全５度（3：2）と短３度（6：5）の組み合わせでしかありません。当時の最先端の音響学上の発見に魅せられた理論家たちは、唯一の音響体の共鳴に由来する音程の質にこだわりすぎてしまったのです[12]。

18世紀中葉には多くの人々がラモーの理論の論理的矛盾に気づき始めていました。それゆえに、理論上の欠陥がとりわけ明白に露呈した1750年以降のラモーの著作は厳しい批判にさらされることとなりました。ただしこの頃には、「音響体の共鳴を長三和音の根拠とすること」は、ラモーに批判的な人々にとっても、もはや自明の理となっていたことも強調しておかねばなりません。たとえばダランベールは数学者の立場からラモーの理論における数的思弁をできるだけ取りのぞき、その骨子を論理的にまとめた『ラモー氏の原理に基づく音楽理論と実践の基礎』（1752）を出版してラモー理論の受容に大きく貢献しましたが、彼自身は最後まで音楽理論

---

[12] 複数の基音を設定することで短三和音を自然倍音列から説明するやり方は、ジャン＝アダン・セール（1704〜88）の著作（1753）やダランベールの『音楽理論と実践の基礎』の第２版（1762）にみられる。また、前述のエステーヴの協和の定義は、唯一の音響体には依存しないという点で同時代のほかの理論とは一線を画している。

を「物理学的で数学的な学問」ととらえていました。経験主義的なダランベールは、ラモーの理論に含まれる物理学的欠陥を鋭く見抜いて批判しましたが、音楽を科学的に基礎づけるという夢を放棄したわけではないのです。それゆえに「長三和音は自然の産物」と明記する一方で（Alembert 1752, 18）、音響体の共鳴の原理が全能でないことを認識し、「いまだ知られざるほかの原理」を見つけることの必要性を説き、さらに驚くべきことには、『音楽理論と実践の基礎』の第2版（1762）の序文において、タルティーニの差音の実験にその可能性を見出しているのです。

　啓蒙思想家ルソーもまた、ラモーやディドロが示した数比による協和の説明に含まれる論理的矛盾を批判しつつも、数学的欠陥を含むタルティーニのいわば神秘主義的な和声理論を肯定し、それを「真の自然の体系」ととらえています（Rousseau 1768, 496）。ルソーも長三和音を自然倍音列から説明しましたが、この現象の不都合な点、たとえば耳で知覚できない高次倍音が理論上は排除されなければならない根拠は、音響体や差音の現象を超越した「自然」の意思にゆだねられていると述べています（*Ibid.*, 166）。

　結局のところ、本節でとり上げた理論家は皆、音楽の理論的基盤を自然のなかに見出そうとしたという意味では、多かれ少なかれ同じ目標を抱いていました。自然の原理から音楽を解明しようという彼らに共通する欲求は、「音楽は自然から与えられたものであるはずだ」というこの時代に特有の考え方に起因するのです。

引用文献
1. 一次文献

Alembert, Jean Le Rond d'. 1751. "Discours préliminaire des éditeurs," *Encyclopédie, ou dictionnaire raisonné des sciences, des arts et des métiers*. Vol. 1, i-xlv. Paris: Briasson, David l'aîné, Le Breton, Durand.〔日本語訳：『百科全書——序論および代表項目』桑原武夫訳、東京：岩波書店、1971年〕

—. 1752. *Elémens de musique théorique et pratique, suivant les principes de M. Rameau*. Paris: David l'aîné, Le Breton, Durand; 2e édition, revue, corrigée et considérablement augmentée. Lyon: Jean-Marie Bruyset, 1762.〔1752年版の日本語訳：『ラモー氏の原理に基づく音楽理論と実践の基礎』片山千佳子・安川智子・関本菜穂子訳、東京：春秋社、2012年〕

Diderot, Denis. 1748. *Mémoires sur différents sujets de mathématiques*. Paris:

Durand.

—. 1751. "Beau," *Encyclopédie*. Vol. 2, 169-81. Paris: Briasson, David l'aîné, Le Breton, Durand.

—. 1891. *Le neveu de Rameau: satire*. Paris: Librairie Plon.［日本語訳：『ラモーの甥』本田喜代治・平岡昇訳、東京：岩波書店、1940年］

Estève, Pierre. 1752. *Nouvelle découverte du principe de l'harmonie*. Paris: S. Jorry.

Euler, Leonhard. 1739. *Tentamen novae theoriae musicae*. Saint-Petersbourg: Typographia Academiae scientiarum.

Lippius, Johannes. 1612. *Synopsis musicae novae*. Argentorati (Strasbourg): Ledertz.

Rameau, Jean-Philippe. 1722. *Traité de l'harmonie réduite à ses principes naturels*. Paris: Ballard.［日本語訳：『和声論――自然の諸原理に還元された』伊藤友計訳、東京：音楽之友社、2018年］

—. 1726. *Nouveau système de musique théorique et pratique*. Paris: Ballard.

—. 1737. *Génération harmonique*. Paris: Prault fils.

—. 1748. *Pigmalion, acte de ballet mis en musique*. Paris: L'auteur, Veuve Boivin, Leclair.

—. 1749. *Mémoire où l'on expose les fondamens du système de musique théorique et pratique de M. Rameau*. Manuscrit.

—. 1750. *Démonstration du principe de l'harmonie*. Paris: Durand.

—. 1755. *Erreurs sur la musique dans l'Encyclopédie*. Paris: Sebastien Jorry.

—. [1764?]. *Vérités également ignorées et interressantes tirées du sein de la nature*. Manuscrit.

Rousseau, Jean-Jacques. 1754. "Consonnance," *Encyclopédie*. Vol. 4, 50-51. Paris: Briasson, David l'aîné, Le Breton, Durand.

—. 1765. "Tempérament," *Encyclopédie*. Vol. 16, 56-58. Paris: Briasson, David l'aîné, Le Breton, Durand.

—. 1768. *Dictionnaire de musique*. Paris: Veuve Duchesne.

Serre, Jean-Adam. 1753. *Essais sur les principes de l'harmonie*. Paris: Prault Fils.

Sorge, Georg Andreas. 1745-47. *Vorgemach der musicalischen Composition*. Lobenstein: Verlag des Autoris.

Tartini, Giuseppe. 1754. *Trattato di musica secondo la vera scienza dell'armonia*. Padua: Stamperia del Seminario appresso G. Manfrè.

2. 二次文献

Christensen, Thomas. 1993. *Rameau and Musical Thought in the Enlightenment*. Cambridge: Cambridge University Press.

Didier, Béatrice. 1985. *La musique des Lumières*. Paris: PUF.

コーヒーブレイク Vol. 1
——和声は科学？ 哲学？ それとも音楽？——

Q. なんだか音楽って難しいね。計算ばかりしている気がする。

H.（編者） 18世紀までは、数にかかわる四科としての音楽という考え方をまだ引きずっていますから。

Q.「科学」ってたくさん出てくるけれど、和声って科学なの？

H. その質問に答えるには、「科学＝サイエンス」という言葉の意味するものが、18世紀と19世紀、そして現代とでは少しずつ変化しているということに注意を向ける必要があります。

「サイエンス」は、もともと知識や学問を指す言葉です。第1章で登場したデカルトや、第2章で触れられたニュートンを経て、18世紀初頭になると、観察や実験などをもとに法則や結論を導き出す方法論と、そこから得られた知識を意味するようになりました。日本語でいう「科学」です。19世紀には科学の専門分化が始まり、さまざまな分野からなる個別の科学＝学問が登場します。

こうした学問、つまり人間の知識を網羅的に分類しようとした試みのひとつに、18世紀のディドロとダランベールが編集した『百科全書』があります。この書で彼らは、およそ1世紀前の哲学者フランシス・ベーコンの学問の分類を参考に、人間知識の系統図をつくっています。それによると、人間の認識能力はまず記憶（歴史）、理性（哲学）、想像（詩／芸術）の3つに大きく分けられます。「考え方」にかかわる学問はすべて「哲学」に属し、「神の学（たとえば神学）」「人間の学（たとえば論理学）」「自然の学（たとえば数学）」などに分類されました。

Q.「音楽」はどこに入るの？

H.「想像（詩／芸術）」に分類されています。とはいえ、第2章でみたように、音楽の一要素である「和声」にかんしては、ダランベールは「自然の学」に属するものととらえていたようです。第3章に入ると、和声をこの「自然の学」から切り離そうとするかのような試みがみられます。歴史、哲学、芸術が人文学の一分野として位置づけられるにつれ、音楽にかんする考察や論理づけの方法もしだいに変化していったからです。ぜひその変化を感じながら読み進めていってください。

第3章

科学から教育へ
―― 整理されゆく和声理論 ――

はじめに

　18世紀末、歴史は大きく動きました。1789年のフランス革命前後における社会システムと思想の変化です。前章で登場したジャン=ジャック・ルソーがこの大革命に大きな思想的影響を与えたことは、よく知られています。芸術音楽の主な享受者が聖職者や貴族から市民へと変化していくにあたって、和声理論は急速に整理されていくこととなります。1795年、第一共和政下のフランスで、パリ音楽院が創立されました。これまで音楽教育を主に担っていた聖歌隊付属音楽学校（メトリーズ）と異なり、軍楽隊付属音楽学校と、王立歌唱朗唱学校を吸収するかたちで生まれたことから、その教育理念が、教会と距離を置き、共和政の理想を反映させたものであることが分かります。このとき、初代院長ベルナール・サレットのもと、5人の教育視学官が任命されました。メユール、グレトリー、ゴセック、ル・シュウール、ケルビーニです[1]。

　初代視学官の一人であるベルギー出身の作曲家、アンドレ=エルネスト=モデスト・グレトリー（1741～1813）は、まさに革命の年に書かれた『音楽についての回想録』（1797年に改訂）の「科学の乱用」と題した章（第3巻第6部第1章）のなかで、音楽に科学を乱用することの危険性を説いています。そして「音楽言語はもともと形而上学的なものなので、和声の科学（和声学 science harmonique）が折悪しくさらにそれを難解なものにしたら、あらゆるところに無秩序が生まれる」（Grétry 1797, 194）と警鐘を鳴らします。ここでグレトリーが言う科学とは、いわゆる自然科学のことを指しています。18世紀において和声とは、いまだ数学的、物理

　1）教育視学官は1802年に、メユール、ゴセック、ケルビーニの3名に縮小された。

学的学問でありました。一方でグレトリーは、哲学や文学の学会とその利点についての話から、この章の考察を始めています。いわゆる人文科学の学問としての台頭が、音楽言語をこれまでとは違うかたちでとらえ直す可能性をはらんでいることを、グレトリーは感じとっていたようです。そしてオペラ作曲家であるグレトリーは、「簡潔さこそが芸術において、それが理論であれ実践であれ、もっとも美しいものである」(*Ibid.*, 209) と主張し、実際に生徒に教えることを念頭に置いて、複雑な和声理論の簡略化に取り組み始めます。音楽に科学的方法では解き明かせない形而上学的な価値を認めること、そして簡潔さに美的価値を置くこと、グレトリーが示したこの2点は、革命直後から19世紀初頭における和声探究の基盤となりました。

　本章ではこのことを前提として、第1節では、パリ音楽院を中心とする「教育としての和声法」を、ラモーの理論との距離という視点からみていきます。また第2節と第3節では、いよいよ和声と「調性」の関係に焦点をあてます。調性と和声の関連づけには、ベルギー出身の理論家・教育者であるフランソワ=ジョゼフ・フェティス (1784〜1871) が大きな役割を果たしました。彼にいたる過程を辿ったうえで、和声を歴史的にとらえること、そして和声と教育の関連について、考えていきましょう。教育的秩序をもたらす「法」、すなわち規則や方法論と、自らの立ち位置を客観視した「歴史」を和声理論に適用すること、これが、18世紀の啓蒙思想家たちから与えられた課題として、19世紀前半のフランス語圏の音楽家たちが取り組んだことなのです。

1. 教育としての和声法とフランスの特殊性

　前章でみたラモーの理論は、ダランベールによる簡略版『ラモー氏の原理に基づく音楽理論と実践の基礎』(1752) の独訳によってドイツにもよく知られるところとなり、その結果すでに18世紀のうちに、ヨハン・フィリップ・キルンベルガー (1721〜83) の『純正作曲の技法』[2]のような本格的な和声教育の書がドイツで生まれていることには、ここで一言触れておく必要があるでしょう。たとえば今日の和声法ではお馴染みの、

「予備」「掛留(けいりゅう)」「解決」という、不協和音と協和音の連結にかかわる決まりごとが、キルンベルガーによる和音の説明のなかで、明快に整理されています。ここで簡単に説明しておきましょう。

譜例1において、アの和音は「ドミソ」の音から構成される協和音です。ウの和音も「レファラ」の音から構成される協和音であり、間に挟まれたイの和音は、不協和音です。協和音であるアのなかの一音（ミ）が保持されて（「予備」）、協和音であるウの構成音（レ）を鳴らす前にイでしばし滞留しています。このように、前の協和音から音を保持することで不協和音を生じさせることを「掛留」と呼び、本来の協和音の構成音に進むことを、「解決」と呼びます。19世紀初頭のフランスにおいても、この予備、掛留、解決は、協和音と不協和音を分けるための基準として、認識されるようになりました。すなわち不協和音は必ず、先行する協和音における予備を必要とし、協和音からの掛留によって生じるもの、と理解されたのです。当時のフランスの言葉では、掛留は「遅延」とも説明されています。

譜例1　予備と掛留と解決

一方で19世紀初頭のフランスに特徴的なのは、ラモーの理論の呪縛がまだ色濃く残っていたことです。そのため、教育のために和声の教本を書こうとする人たちは、何らかのかたちでラモーの理論とのつながりを維持しようと努めました。パリ音楽院における初めての和声の教科書選定に伴い、当時和声を教えていた複数の教授が教本を書きました。選定会議にお

2）1771年に出版された第1部と1776年に出版された第2部の第1部門が、東川清一による日本語訳で出版されている（東川 2007）。

いてラモーの理論が議論された結果、選ばれたのは、そのなかでもっともラモー理論の影響が薄い、シャルル゠シモン・カテル（1773～1830）の『和声論』でした（Catel [1802?]）。

ラモーが19世紀のフランスに残した和声についての考え方で、一番影響力が強かったのは、通奏低音の実践に有効な「根音バス」の概念です。しかしカテルは根音バスによる説明を中心に置くのではなく、代わりにラモーからの借用と思われる「音響体」の原理を『和声論』冒頭に据えました。「すべての不協和音は〔ただひとつの〕協和音から生み出されることを示すことで、和声を真の起源へと立ち戻らせようと努めた」とカテルは述べます。そして和声を単純／自然和声（予備を必要としない）と、複合／人工和声（単純和声に基づき、音の掛留によって形成される）の2つに分類しました。

この自然和声と人工和声の二分類は、ラモーの根音バスを基準としたときの基本和音——すなわち協和音としての三和音と、不協和音としての七の和音——という分類とは、基準が異なります（ラモーはさらに、根音バスの基本的な進行を形づくる基本和音のなかに、サブドミナントの和音を含めています。第2章50頁の表1参照）。カテルは、音響体をモノコルドによって説明します。すなわち基音をソ（G）とするモノコルドの分割によって導き出される音から、「ソシレファラ」と「ソシレファラ♭[3]」の長・短九の和音を設定し、その構成音からつくられる8種の和音を、予備を必要としない自然和声を形づくる和音と定めました（表1）。

のちにフェティスはカテルの独自性を、基音をドではなく、ソ（G）とすることによって、属七の和音と、属九、導七、減七の和音の類似に気づいた点にみています（Fétis 1844, 246）。ここでフェティスが述べる類似とは、「シ-ファ」の音程関係を指しています。すなわち、ラモーが特別視していた根音バスの「ドミナント-トニック」の動きだけでなく、「シ-ファ（または転回するとファ-シ）」の音程関係（減5度または増4度の響き）からの進行（解決）を重視し、これらを、予備を必要としない自然

3）ラ♭の音は、モノコルドの17分割によって生まれる。ほかにもモノコルドの11分割ではド♯が、13分割ではミが生じるが、間の音は無視されている。

表1　カテルによる自然和声を形づくる和音

ソシレ	長三和音
レファラ	短三和音
シレファ	減三和音
ソシレファ	属七の和音 [4]
シレファラ	導七の和音 [5]
シレファラ♭	減七の和音 [6]
ソシレファラ	長九の和音（属九の和音）
ソシレファラ♭	短九の和音（属九の和音）

な和声とすることで、頻出する和音の響きと、主和音への進行を、音響体と結びつけて説明することに成功したのです。今日の和声法で、たとえば導七の和音や減七の和音を、クラシックでは「属九の和音の根音省略形」ととらえること、一方でジャズやポピュラー音楽ではこれらをそのままの響きで好んで多用していることを考えると、興味深い論理ではないでしょうか。

　カテルよりもラモーの理論の痕跡を残しているのが、ジャン＝バティスト・レイ（1760頃〜1822頃）が著した『和声入門』（Rey [1807?]）です。レイの同姓同名の叔父は、パリ音楽院でフェティスに、ラモーの根音バスに基づく和声理論を教授し、カテルの『和声論』が選定された1802年にパリ音楽院を去ったレイ（1734〜1810）です。レイ（以後甥のレイを指します）の『和声入門』は、第一帝政中の1807年に、当時の宗教省によって認可され、再建された聖歌隊付属音楽学校の生徒たちの教科書として認定されています。フランス革命後、19世紀前半のフランスは、共和政がなかなか定着せず、帝政と王政と共和政がめまぐるしく交替しまし

4）属音上の七の和音、すなわち長三和音に根音から短7度の音を重ねた和音を属七の和音という。序章参照。

5）導音上の七の和音のこと（導音は音階の7番目の音。主音より半音低い音にあたり、必然的に主音へ進行する）。今日の和声法では減五短七の和音、半減七の和音、あるいはジャズやポピュラー音楽ではハーフ・ディミニッシュなどと呼ばれ、重宝されている和音である。

6）減三和音に根音から減7度の音を重ねた和音のこと。

た[7]。それに伴い音楽教育も揺れ動きますが、聖歌隊付属音楽学校の流れを汲む音楽教育が、19世紀の間パリ音楽院とともにつねに並存していたことは、フランスに独特の和声が生まれる大きな理由のひとつであると言えるでしょう（第5章参照）。

『和声入門』には「音楽の異なる類にしたがって理解された根音バスによる和音の概論」という長い副題がついています。レイは根音バスのシステムに基づくことを前提として、扱う和音を6つ挙げています。完全和音[8]、七の和音、サブドミナントの和音[9]、九の和音、十一の和音、十三の和音です。そしてこれらの和音がすべて、和声の3つの基本的な音度、すなわちトニック（I度）、ドミナント（V度）、サブドミナント（IV度）に由来すると述べています（Rey [1807?], 1）。ラモーの和音の分類に忠実であるものの、相違点として、レイは七の和音を、九の和音、十一の和音、十三の和音と同じグループとみなし、これらの和音を「呼びかけ〔appellatif〕の和音」と呼びました。たとえば「ソシレファ」という七の和音では、根音から短7度音程であるファが、協和音である「ドミソ」のミを呼び込むと考えます。

さらにレイは「不協和音における諸音の機能」と題して、和音の省略可能な音を明示することにより、不協和音の進行を機能という観点から説明しています。ここに、今日の和声法における特徴的な和音とその進行が姿を現しています。譜例2上段は、（ハ長調の）属七の和音から主和音への進行（V_7–I）です。今日でも調的和声にとってもっとも重要な進行（完全終止を形成する）です。そして注目は、「サブドミナント」の和音に関連する下段の3つの楽譜です。サブドミナントの和音（下段左）には、$^6_5$という数字がついています。これは「ファラドレ」という和音を指し、ラモーはこの和音を「サブドミナントの和音」と呼んでいました（今日の理解では、サブドミナントの和音はたんに「ファラド」を指し、「ファラド

7）第一共和政（1792〜1804）のあとのナポレオンによる第一帝政（1804〜15）、1815年から30年までの王政復古、そして1830年からの七月王政。以後第二共和政、第二帝政と続き、1870年からの第三共和政でようやく安定する。
8）長・短三和音のこと。完全は完全5度を意味する。フランスでは一般的に用いられる。
9）ラモーの定義と同じである。第2章50頁の表1参照。

レ」は付加六の和音と呼ばれます)。ここで不協和音程にあたる「レ」は主和音に進むときは省略され（IV-I の進行。今日ではプラガル終止または変格終止と呼ばれる)、レに♯がつけられたとき（下段中央）は半音高いミに進行してイ短調の主和音に進行します。これは今日の和声法で通称「イタリアの六」と呼ばれる、増6度を含む和音です[10]。またⅡ度上の七の和音（下段右。レファラド）は、ラモーの時代、転回することでサブドミナントの和音（ファラドレ）と同一視されることもありましたが、ここではラが省略可能であることを示して機能を浮きだたせることにより、属七の和音に進行する別の和音（II_7-V_7 への進行）として扱われています。このサブドミナントの和音とⅡ度上の七の和音の二重機能は、フランスの和声にとって、この後も属七の和音に勝るとも劣らない重要な意味をもちつづけます（第5章参照)。

譜例2　レイ『和声入門』より「不協和音における諸音の機能」
　　　　（一部抜粋）（Rey [1807?], 32）

さて、このような根音バス理論に基づく諸教材をおさえて、パリ音楽院最初の公式教科書となったカテルの『和声論』は、ラモーの理論に匹敵する、もしくはラモーに代わる和声理論とまで称され（それは逆に19世紀

---

10) 今日の和声法では、ドッペルドミナント（イ短調の属調の属和音）が変位した和音ととらえるが、このようにラモーのいうサブドミナントの和音が変化したものととらえたほうがシンプルである。

初頭まで、フランスではラモーの理論がほぼ唯一の影響力をもつ和声理論であったことを物語っています)、1816 年まで使用されましたが、王政復古の到来とともに役目を終えます[11]。そして次に認定図書とされたのが、アントニーン・レイハ［アントワーヌ・レイシャ］(1770〜1836) の『作曲法講義または実践和声論』(Reicha [1816-18?]) でした[12]。1818 年にパリ音楽院（当時は王政復古中のため王立音楽朗唱学校）のフーガ担当作曲教授に就任したレイハと、3 年後の 1821 年に対位法教授に加わったフェティスは、パリ音楽院における次世代の音楽理論を率います（パリ音楽院では、ルイージ・ケルビーニ (1760〜1842) が 1822 年に院長に就任すると、あらたに「対位法とフーガ」クラスが独立し、その担当教授にレイハとフェティスが就任します）。

　一方、同じ王政復古をきっかけとして、1817 年に聖歌隊の流れを汲む重要な音楽教育機関が設立されました。アレクサンドル・ショロン (1771〜1834) の初等歌唱学校、通称ショロン校です。本章ではこの学校教育には立ち入りませんが、その代わりに、ショロンが調性と和声の関係に果たした重要な役割をみていきます。すなわち、和声に対する「歴史的視点の導入」です。次節では、フェティスの調性概念に大きな影響を与えたショロンとレイハ両者の考え方を辿っていきましょう。

2. 歴史化される和声

　1810〜11 年に出版された、ショロンとフランソワ・ファヨル (1774〜1852) による『音楽家の歴史辞典』(Choron et Fayolle 1810 [第 1 巻]) のイントロダクションに置かれた長大な「音楽史の概要」は、19 世紀に次々と書かれるようになる「音楽史」の土台となる存在です。この「概要」において、現在確認できる限り初めて、「調性 tonalité」という言葉が用いら

---

11) フランスの王政復古に伴い、創立以来の院長であったサレットが退官し、カテルもパリ音楽院を去った。
12) 2013 年にレイハの未出版草稿であった『実践和声の原理』と『実践和声の技術』が出版された (Reicha 2013)。『作曲法講義』はこれらの草稿をもとに執筆、出版されたと想定される。

れました。ショロンは「調」という音楽的特徴に、歴史的・民族的違いを反映させて、「調性」という言葉を用います。すなわち、各種族、各民族がそれぞれ異なる様態（modalité[13]）をもち、調の様態＝調性には、ギリシャのものもあれば、教会のものもあるのと同じように、「我々現代のヨーロッパ人の調性」がある、という文脈です。これが今日私たちの知る「調性」を指しているのですが、ショロンはここで重要な指摘をいくつかしています。ひとつは、「現代的な調性には、長旋法と短旋法しか含まれていないが、このシステムが完全に独占的となってから、ほとんど100年から150年ほどしか経っていない」ということ。その始まりの正確な年代を決定することはできないものの、この調性がより強く感じられるようになり、作曲に影響を与えるようになったのは、16世紀の間だということです。「（現代的）調性の始まり」に言及した最初期の例でしょう。

　そのうえで、ショロンは実際の音楽に即して、調性の具体的な定義も行っていきます。まず、現代ヨーロッパ人にとっての「調性」は、むしろ転調（modulation）のシステムなのではないか、つまりいわゆる「モード（旋法）」のシステムというよりも、「モードの連鎖」のシステムなのではないか、という重要な指摘をします。そして何人かの作曲家の名前を挙げたうえで、1590年頃に活躍したクラウディオ・モンテヴェルディ（1567〜1643）が、「ドミナントの和声」を創造したと指摘します。つまりモンテヴェルディが、属七と属九の和音を、予備なしで実践し、不協和音程であった減5度〔たとえばシ−ファ〕を〔予備のいらない〕協和音のように用いることで、「調的和声」が知られるようになった、と述べました（Choron et Fayolle 1810, xxxviij-xl）。さらにショロンは、人々がしだいに、3つの基本的な和声、すなわちトニック（I）、ドミナント（V）、サブドミナント（IV）の和声のみを旋法のなかに認めるようになったということも述べています。つねにラモーを出発点として論じられてきた「和声理論」の実践上の起点が設定された瞬間であり、また歴史的視点を導入することにより、つまり当時の実践的習慣の始まりを確認することにより、「調的和声」

---

[13] この言葉は「旋法性」とも訳すことができるが、ここではより一般的な言葉としての様態、あるいは旋律のあり方、節回しのあり方といった意味ととらえる。

の具体的な特徴も定められたと言えるでしょう。

　ショロンの歴史的視点は、いわゆる「和声教本」に、同時代の音楽例を組み込むきっかけともなりました。ショロンは同じ「音楽史の概要」のなかで、「〔本来は〕偉大な巨匠の傑作について深く学ぶことで、〔この和声の〕科学の状態に、より適したメソッドを生み出す努力をしなければならなかったのに、〔フランスでは〕そのメソッドを求め、巨匠たちの巧みな使用法に基づいて音楽的文法を確立する代わりに、音楽とは遠く離れた奇妙な科学に頼ってしまった」(*Ibid.*, lxxxij) と述べています。ここにいたって、和声理論は物理学から完全に離れ、教授法の領域へと移りました。

　「巨匠たちに学んだ音楽的文法を」というショロンの提言を実際の教本で実践していたのが、レイハです。1800年から1815年の間、パリ音楽院の管弦楽団ではハイドンやモーツァルトの交響曲がレパートリーの中心を占め、またベートーヴェンの交響曲のうちすでに第3番までが演奏されていました（第2番は抜粋）。こうしたドイツ・オーストリアの音楽「文法」を、レイハはオペラ様式一辺倒であったパリ音楽院にもちこんだのです。チェコ生まれのレイハは、ボンでベートーヴェンと同じ空気を吸い、ウィーンでハイドンと知り合います。パリだけでなく、ウィーン古典派の音楽的伝統を直接体験して、パリ音楽院の教授に就任しました。レイハに学んだ学生に、エクトール・ベルリオーズ、シャルル＝フランソワ・グノー、セザール・フランクなどがいることを考えると、レイハの教育がフランスの音楽伝統にもたらした成果は計り知れないものがあります。

　和声にかかわるレイハの重要な著作には、『旋律論』（1814）、『作曲法講義』（1816〜18?）、『高等作曲論』（1824）があります。レイハの音楽理論を総括することは本書の範囲を超えていますので、ここではポイントを絞ってその一端のみを紹介しましょう。レイハの特徴は、まず『旋律論』において、ウィーンの交響曲や合唱曲、あるいはパリで人気のあったオペラ・アリアにみられるシンメトリー構造を、デッサン、モティーフ、フレーズ、リズム、メンバー（小句）、ピリオド（楽段）といった概念を用いて理論化し、それを「カデンツ（終止形）」に結びつけて和声理論へと進んだことです[14]。レイハのいうシンメトリーは、定期的なリズム・パターンと休止（終止）の存在によって確認されます。本来カデンツは、こ

うしたフレーズの区切りを意味する言葉であり、調的和声の構築と並行して、和声的文脈における「終止形」が理論化されたと考えたほうがよいかもしれません。

ひとつのピリオドの終わりは、完全終止を形成します。譜例3は『旋律論』におけるモーツァルトの《魔笛》の譜例です。上段（No.1）のピリオドでは、4小節単位の2つのメンバーからなるシンメトリー構造がみられます。一方下段（No.2）は、2つ目のメンバーに、2小節のリズムが追加される例です。レイハはこのような完全終止の後の追加をコーダと呼び、ここにバレエ音楽のようなリズム間の厳密な等価性は必要ないと述べています。そしてこの2小節の追加を、自然で魅力的なものとしています。レイハの旋律論はいわば言語における構文法（シンタクス）であり、音楽による弁論術とも言い換えることができます。

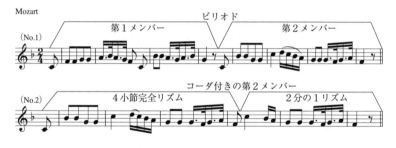

譜例3　レイハ『旋律論』におけるモーツァルトの例
（Reicha 1814, 5）

『作曲法講義』におけるレイハの終止形の分類は、きわめて明快です。基本形のトニック和音上に終止するのが「完全終止」（トニック和音の前には基本形のドミナント和音がくる）、基本形のドミナント和音上に終止するのが「半終止」、そしてそれ以外が「偽終止」です。それ以外というのは、完全和音を避けるという意味で、トニック和音の「転回形」で終止するか、もしくは「トニック和音の代わりに」その他の和音で終止するか

14）ただし言語の句読法や視覚芸術の用語を、このように器楽作品に応用することは、18世紀にはすでに行われていた。

のいずれかだと、レイハは述べています（譜例4）。

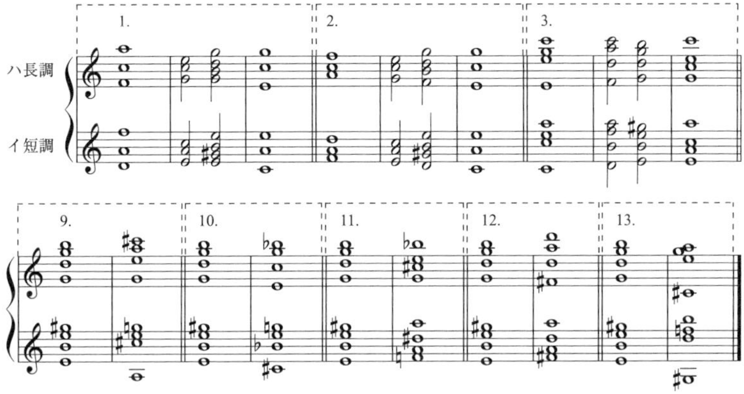

譜例4　レイハの「偽終止」の例より、完全終止の最後の和音もしくは最後の2つの和音を転回形にする例（1～3）と、トニック以外の和音で終止する例（一部）。各楽譜の上段が長調の例、下段が短調の例（Reicha [1816 - 18?], 14）

　この偽終止の目的を、レイハは聴き手への効果の点から説明します。すなわち、フレーズが終わると期待させつつそれを避ける効果により、聴き手の注意を持続させ、続くフレーズに「エネルギー」を与えるというわけです。モーツァルトやハイドンなどの実際の曲例に裏づけられた理論、すなわち「分析」に基づく見方と言えるでしょうか。レイハの偽終止における自由さは、和音の分類とも結びついています。カテルが単純和声（自然和声）をつくる和音として、モノコルドの分割から生まれる8種類の和音を挙げたことはすでに述べましたが、レイハはそこに長七の和音と短七の和音（ソシレファ♯とソシ♭レファ）と、増音程を含む4つの和音（増三和音［ソシレ♯］、増六の和音、増四六の和音、増五短七の和音。最後の3つは譜例5のNo.11～13）を加え、三和音、七の和音、九の和音を合わせて13種類まで拡張しました（さらにそれぞれの転回形も考慮しています。カテルの自然和声に含められる減七の和音は、レイハの分類では、短九の和音の第1転回形根音省略となります）。

　レイハの基準は、「実際の曲でよく用いられているかどうか」です。彼は、ショロンの提言と同様に、次のように述べます。

譜例5　レイハの和音の分類（全13種類）より、増音程を含む特殊な和音（「ソシレファ」を基準として、半音階的に変化させ、転回している）（Reicha [1816-18?], 8）

　実践的な作曲は音響学よりもずっと先を行っている。作曲は数えきれないほどの手法を扱っており、音響学はそれをまったく説明しないし、説明することもできない。したがって実践的作曲の規則は、独自のコード〔法／記号体系〕を形成する。それは同時に、私たちの聴覚器官、感情、精神や、幾世紀もの経験が実証したコードである。(*Ibid.*, 7n)

　フェティスは『和声の理論と実践総論』（Fétis 1844）において、レイハのこの恣意的な和音の分類を、非論理的で、18世紀初めの経験主義への嘆かわしい回帰であり、カテルの和声論からの後退だと厳しく批判しました。この批判は、フェティスの書が、和声を「調性」の枠内ですべて説明するという一貫した目的のもとで書かれていることとも関係しているでしょう。和声を教授するための方法論という意味では、フェティスはこれまでにみてきたレイによる調的和声の構築、ショロンによる「調性」の歴史についての仮説、そしてレイハによる同時代音楽の分析に基づく理論モデルをすべて織り交ぜています（フェティスはとりわけ、モーツァルトやロッシーニのオペラ作品を例として好みました）。それでは次節で、フェティスの考え方をみていきましょう。

3. フェティスと調性概念

　本節では、「調性（トナリテ）とは何か」という問いに答えを出した[15]）、フェティスの『和声の理論と実践総論』をとおして、19世紀前半のフランスにおける調性と和声理論の関係をみていきます。
　フェティスの『和声の理論と実践総論』は、第1巻で「音程」、第2巻

で「和音」を扱ったあと、第3巻で「調性と転調」へと進みます。これは和声の発展過程を、歴史の時間軸に沿って並べたものです。そして最終巻である第4巻は、ラモーからフェティスの時代までの理論家たちによる「和声理論の歴史」を扱っています。調性の有名な定義が記されたのは、第1巻第4章です。第1巻は第1章で音程の性質を考察し、第2章で協和音程と不協和音程を調性との関連づけから考察します。ここでフェティスは、増4度と減5度の音程（たとえばファ–シとシ–ファ）を、導音（シ）がトニック（ド）を呼び込み（appelant）、Ⅳ度音（ファ）がⅢ度音（ミ）を呼び込むという意味で、調性を特徴づける音程であることから（すなわち属七の和音から主和音への進行を示しています）、レイと同様に「呼びかけの協和音程」と命名しています（Fétis 1844, 9）。第3章で音程の転回について述べたのち、いよいよ第4章において、音程の連結を、その近親性と調性の決定（調的特徴）という観点から考察したうえで、フェティスは「調性とは何か？」と問いかけ、みずからこう結論づけています。「調性は音階の諸音間に必然的にみられる継起的および同時的な関係の総体から形づくられる〔概念である〕」(*Ibid.*, 22)。

　この一見抽象的な定義は、和声理論の歴史を扱った最終巻である第4巻で再び「しかし調性とは何か？」と問いかけていることと合わせて理解する必要があるでしょう（*Ibid.*, 248）。フェティスはこれまでの和声理論が、音響現象や数比や、恣意的に選択された「基本的な和音」、あるいはモノコルドの恣意的な分割に基づき、いずれも音楽そのものに基礎を置いていないと批判します。和声の原理を音楽そのものに探すこと、その音楽そのものを、フェティスは「調性」と言い換え、再び調性とは何かを問うているのです。

　ここでフェティスは、「私にとって調性とは、音階の諸音が置かれる順序（配置）にあると言える」と述べ、和音の構成やそれを修正（変化）させる状況、和音を連続させる法則は、調性の必然的な結果であるとします。そしてショロンによる調性の定義に立ち戻るかのように、中国やアイ

---

15) 20世紀ドイツの音楽学者カール・ダールハウス（1928〜89）は1967年に出版した『和声的調性の起源の研究』の序文冒頭において、「調性の概念は1844年にF. J. フェティスによって発明された」と述べた。

ルランド、スコットランドの音階に「私たち」の和声をあてはめても、彼らの調性のなかではうまく演奏できないだろうと述べているのです。これらを総合すると、フェティスにとって調性とは音楽そのものであり、音楽とは人間（あるいは人種、民族）の表れであるという考え方が浮かび上がります。フェティスはこうして、和声理論全体を、見事な論述構成によって、ショロンから受け継いだ歴史哲学的な調性概念のなかに組み込んだのです。

　自身もパリ音楽院で学んだフェティスと、ウィーン帰りのレイハは教育的背景がまったく異なることから、表面的には対立もみられます。しかし2人の間には興味深い共通点が指摘されています。それが「哲学」と「数学」への造詣の深さです（Toplis 2005, 104）。すなわちレイハもフェティスも、18世紀から文化的に連続した世界にまぎれもなく生きていた音楽理論家であると言うことができます。なかでも「哲学」は、19世紀における和声理論にとってきわめて重要な意味をもつことになります。哲学が「教育」にも「歴史」にも、深く関係していくことになるからです。哲学の影響は、ロジックの徹底した構築という点で、レイハとフェティスによる「教育マニュアル」の生成、すなわち教授法の発展へとつながります（ロジックという点では、数学も寄与しています）。さらに「形而上学」や「論理学」といった哲学領域の業績は、教授法のみならず、調性の概念の構築、および音楽の歴史記述にも大きな影響を与えました。

　実際のところ、フェティスは1844年に「調性」に定義を与え、歴史の時間軸に沿った和声の変遷をまとめましたが、これらは1830年代に、とりわけ1832年に8回にわたって開講した「音楽哲学と音楽の歴史講義」の成果でした。全8回の講義はすべて、フェティスが1827年に創刊した音楽批評雑誌『ルヴュ・ミュジカル』上でレポートされています。5月23日に行われた第1回の講義のレポート（無記名）は次のように始まります。

　　音楽が哲学的・歴史的観点から考察されるというのは、フランス人にとってとても新しいことであるので、少し前から告知されていたこの講義がどのようになるのか、理解していた人は少なかった。哲学と音楽は一般的に

一緒に扱うことのできない2つのことのように思われる。〔中略〕フェティス氏の講義の目的は、歴史的事実とその分析から、さまざまな音楽システムの起源、それらのシステムを形成する法則、そしてそれらのシステムと個人の器官の感受性との関係を知らせることである。(*Revue musicale*, 26 mai, 1832, 131)

　第1回の講義ではギリシャ人だけでなく、アラブ人、ペルシャ人、トルコ人、中国人など各民族の音階が西洋のそれとは異なるものとして考察されます。そして第8回まで、リズムの考察、和声の考察、調性の考察と進みます。その内容は歴史的文献としてとらえる必要があるものの、「東洋に始まり西洋にいたる」という歴史観は、ヘーゲルの「歴史哲学」からの影響を映し出しています。フェティスは、とりわけドイツ哲学から強い影響を受けており、フェティスの手紙や蔵書などから、その痕跡を辿ることができます[16]。

　このフェティスの音楽哲学と音楽の歴史講義には、モデルがありました。それが、当時フランスでヘーゲルの哲学を紹介したフランス人哲学者、ヴィクトール・クーザン（1792〜1867）による哲学講義です。クーザンは、1827年にヘーゲルとパリで最後の再会を果たし、1828年には、ヘーゲルの歴史哲学および哲学史にかんする講義を参考に、自身の一連の講義をソルボンヌ大学で行いました。『哲学講義──哲学史序論』（Cousin 1828）としてまとめられた全13回の講義は、フェティスを含む数々のフランス知識人を感化します。クーザンの哲学は、「エクレクティスム（折衷主義）」として知られています。それは「革命後の社会をどのように建設するか」という問いのもと、思想の混乱のなかで秩序化を図った結果でした（伊東 2004, 97）。クーザンの折衷主義は、「哲学と歴史の折衷」であり、その方法もまた、18世紀のフランス哲学と、ドイツ形而上学との折衷であると言われています（Cousin 1828, vj）。一方でクーザンは、1830年の七月革命後の七月王政時代[17]、公教育大臣に就任したF. P. G. ギゾー（1832〜37年在任）に協力してドイツの教育状況を調査しました。それ

---

16) フェティスはとくに影響を受けた哲学者として、ライプニッツ、ヘルダー、カント、フィヒテ、シェリング、ヘーゲル等多数に言及している（Christensen 1996, 40）。

をもとに、ギゾーは教育改革を行います（1833年ギゾー法）。このギゾーとクーザンの協力関係により、哲学が国家的な制度に組み入れられたばかりでなく、「国家と教会との統一的行動に基づいて初等教育を確立する」ことが推進されました（小山1993, 301）。

　フェティスが調性概念を構築した1830～40年代の七月王政時代は、このように、哲学が歴史・教育に深く浸透し、国家による改革が行われていた時期にあたります。フェティスによる哲学と音楽の歴史の融合や、当時の和声教育者たちによる効果的な教育法の追究は、こうした時代の風潮を反映したものであるとも言えるでしょう。そしてフェティスが「調性」概念によって和声理論を整理していく折衷主義的手法にもまた、哲学分野の影響をみてとることができます。

おわりに——調性理論の飛躍に向けて

　本章では、主に19世紀前半のフランスにおける和声理論の整理の過程を辿ってきました。パリ音楽院の教育体制は、フランス革命後の度重なる政体の変更に翻弄されてきました。そのなかで、百科全書派の知の遺産を抱えつつも、これまで教育（とりわけ道徳教育や初等教育）を担ってきたカトリックとの距離を測りながら革命後の社会を秩序化し、なんとか音楽知の教育体系を整えようという各人の努力がありました。フェティスがクーザンを通じてヘーゲルから学んだものに、教育哲学、すなわち教授法そのものがあります。パリで自身の教育哲学を確立したフェティスは1833年、前年に設立されたベルギーのブリュッセル音楽院の院長に就任し、祖国で自身の教育哲学をいかんなく発揮します。

　調性理論はその後どこへ行くでしょうか。フェティスの調性の定義を調性概念の発明だと述べたダールハウスは、「和声的調性」が歴史的現象であるとして、17世紀から19世紀までの時代を、「和声の技法と調性の定義が、同じ1つのことの2つの面」である時代と述べています。そしてダールハウスが和声的調性の「理論」の直接の源と位置づけるのは、フェ

---

17) フランスで7月27日から29日に起こった市民革命（七月革命）を機に、復古王政（ブルボン朝）は倒され、オルレアン公ルイ・フィリップがブルジョワジーに推されるかたちで王位に就いた。

ティスの考えとはさまざまな点で異なる、ドイツの理論家リーマン（第4章参照）です。一方で、フェティスの『和声の理論と実践総論』の第2巻で展開された和声理論、すなわち、さまざまな文脈のなかで和声がどのように扱われるかの徹底した提示や、非和声音のさまざまな種類についての説明が、のちのシェンカー（第6章参照）に通じるものだと考えることもできます（Campos 1997, 122-23）。19世紀は、フランス、ドイツ、そしてベルギーの理論家たちのキャッチボールによって、和声理論が構築されていくのです。

引用文献
1. 一次文献
Catel, Charles-Simon. [1802?]. *Traité d'harmonie*. Paris: Imprimerie du Conservatoire de Musique.
Choron, Alexandre et F. Fayolle. 1810. *Dictionnaire historique des musiciens*. Tome premier. Paris: Valade.
Cousin, Victor. 1828-29. *Cours de philosophie. Introduction à l'histoire de la philosophie*. Paris: Pichon et Didier.
Grétry, A. E. M. 1797. *Mémoires, ou Essais sur la musique*. Tome troisième. Paris: Imprimerie de la République.
Reicha, Antoine. [1816-18?]. *Cours de composition musicale ou Traité complet et raisonné d'harmonie pratique*. Paris: Gambaro.
—. 1814. *Traité de mélodie, abstraction faite de ses rapports avec l'harmonie, suivi d'un supplement sur l'art d'accompagner la mélodie par l'harmonie, lorsque la première doit être prédominante*. Paris: L'auteur.
—. 2013. *Écrits inédits et oubliés*. Volume 2-1. Hildesheim: Georg Olms Verlag.
Rey, Jean-Baptiste. [1807?]. *Exposition élémentaire de l'harmonie: théorie générale des accords d'après la basse fondamentale, vue selon les differents genres de musique*. Paris: L'auteur.
Fétis, François-Joseph. 1844. *Traité complet de la théorie et de la pratique de l'harmonie*. 2e édition. Paris: Maurice Schlesinger.
Revue musicale, 1832, 6e année.

2. 二次文献
Campos, Rémy. 1997. "L'analyse et la construction du fait historique dans *le Traité de l'harmonie de Fétis*," *Sillages musicologiques: hommages à Yves Gérard*.

Réunis et publiés par Philippe Blay, 37-52. Paris: Conservatoire national supérieur de musique et de danse de Paris.

Christensen, Thomas. 1996. "Fétis and Emerging Tonal Consciousness," *Music Theory in the Age of Romanticism*. Edited by Ian Bent, 37-56. Cambridge: Cambridge University Press.

Dahlhaus, Carl. 1993. *La Tonalité harmonique: étude des origines*. Traduit de l'allemand par Anne-Emmanuelle Ceulemans. Liège: Mardaga.［原語版：*Untersuchungen über die Entstehung der harmonischen Tonalität*. Kassel: Bärenreiter, 1967.］

Toplis, Gloria. 2005. "The Teaching of Harmony and Composition in the French Conservatoire in the Nineteenth Century: The Importance and Influence of Reicha and Fétis," *Journal of Music Theory Pedagogy* 19, 103-26.

伊東道生 2004「哲学の制度化と折衷主義――七月王政期クーザンの国家戦略」『メタフュシカ』第35巻2号、97～104頁。

キルンベルガー、ヨハン・フィリップ 2007『純正作曲の技法』東川清一訳、東京：春秋社。

小山勉 1993「フランス近代国家形成における学校の制度化と国民統合：七月王政・第二共和政期を中心に」『法政研究』（九州大学）第59巻（3‐4）、293～363頁。

第 4 章

響きを想像する
―― 調的機能と近親関係論 ――

はじめに

　皆さんは「機能和声」という言葉を聞いたことがあるでしょうか。「和声法」とは、一般的に機能和声の考え方を体系的に解説し、それをもとに和声づくりを実践する方法であると言えます。この言葉のうち「機能」とは、トニック（主和音：Tと略される）、ドミナント（属和音：Dと略される）、サブドミナント（下属和音：Sと略される）を指しています。
　この機能に基づく和声論を体系化したのは、ドイツの音楽著述家フーゴー・リーマン（1849～1919）であると言われています。リーマンは、きわめて多産な著述家として知られ、生涯にわたって音楽史、音楽理論、音楽美学、演奏論等にかんする膨大な量の専門書や事典、論文を書き残しており、ヨーロッパ、とくにドイツの音楽研究者たちの間ではかなりの知名度を誇っています。
　さて、本章では、リーマンの和声理論がどのような点で新しく画期的であったのか、また、同時代の関連分野の思潮や前代の和声理論の伝統とどのような関係にあるのかをみていきます。まず第1節では、リーマンのいう「機能」とはどのようなものなのか、その特徴を理解し、当時の他分野の学術的思想との関連を探ります。そのうえで今日「ネオ・リーマン理論」としてリーマンの理論が部分的に復興されている現状を踏まえ、とくに19世紀後半以降の音楽を理解するさいに鍵となる概念を、第2節でみていきます。第3節では、リーマンの和声理論がそれまでの伝統をどのように受け継ぎ、また、同時代に活動していた、物理学、生理学といった分野の学者たちに対してリーマンがどのような態度をとったのかに触れることで、彼の和声理論を歴史化してみたいと思います。

1. 和音にはそれぞれの役割がある——「調的機能」とその由来

では最初に、リーマンが「機能」という語をどのような意味で使っていたのかという大前提を確認しましょう。リーマンは1893年に『和声論簡易版』という和声法の教科書を書いていますが、この本の副題は「和音の調的機能論」と名づけられています。この副題の意味するところについて、彼は「序」で次のような2つの定理に総括しています。

I. 共鳴（響き）[1]には2種類しかない。上方共鳴と下方共鳴である。あらゆる不協和音は、上方共鳴と下方共鳴の変化として把握され、説明され、特徴づけられる。

II. 和声には3種類の調的機能（調における意味）しかない。すなわち、トニック、ドミナント、サブドミナントである。転調の本質とは、これらの機能を変更することである。(Riemann 1893, 9)

まず、1点目の「共鳴（響き）」について確認しましょう。共鳴（響き）は、端的に言えば「協和する三和音」を指しており、これが「上方共鳴」と「下方共鳴」の2種類に分けられています。この2つは、以下の図1のように、完全5度と長3度で構成される和音であり、互いに上下対称の音程構成でなりたっています。つまり、上の段には、第1音（リーマンはこれを主要音と呼びます）であるc（ド）、その完全5度上のソと長3度上のミからなる長三和音ドミソが "c^+"（ないし、たんに "c"）と略記されること、一方で下の段には、第1音（主要音）であるe（ミ）、その完全5度下のラと長3度下のドからなる短三和音が "^{o}e" と略記されることが示されています[2]。

ここで注意したいのは、下方共鳴の第1音が、通常は根音とされるラではなく、一番上のミととらえられている点です。これは、第3節で触れる

---

[1]「共鳴（響き）」の原語は "Klang" である。この語はリーマンによって、文脈に応じて「響き」や「共鳴」、「協和する三和音」といった意味合いで用いられている。本章では分かりやすさのため、複数の音が同時に鳴り響いているという意味で「共鳴」という語を用いる。この語にかんしては本章の「おわりに」で触れる。

[2] 本章では、アルファベットによる音名はドイツ語の小文字で記されている。

$\overbrace{c\ e\ g}$ = c 上方共鳴（c^+、たんに c と表されることもある）
$a\ \overbrace{c\ e}$ = e 下方共鳴（$^o e$）

図1　上方共鳴と下方共鳴（*Ibid.*, 11）

和声二元論に基づく考え方を継承したものです。2つ目の「調的機能」にかんする定理がここでの本題です。トニック、ドミナント、サブドミナントの3つの機能はさらに、主要共鳴であるトニックと、相関共鳴であるドミナントとサブドミナントに分けられています。以下の説明を読んでみましょう（「共鳴」は「三和音」と読み替えて差し支えありません）。

> 音が主要音か相関音のどちらかに分けられるように〔中略〕、共鳴も、（トニックと呼ばれる）主要共鳴か相関共鳴のどちらかと言うことができる。後者の相関共鳴は、上方共鳴あるいは下方共鳴にもっとも近い和音となる。さらに、次に近い共鳴は、もっとも近い共鳴にもっとも近い近親共鳴ということができる。〔主要共鳴に〕いちばん近い共鳴はドミナントとして知られており、上方共鳴（長和音）の5度上の上方共鳴（長和音）で、いわゆる上方ドミナント（あるいはたんにドミナント、Dと略記）である。〔主要共鳴の〕5度下の上方共鳴〔たとえばドミソに対してファラド〕はいわゆる下方ドミナントあるいはサブドミナント（Sと略記）である。一方、トニックを逆さにした共鳴、つまり同じ音を主要音とする下方共鳴も、サブドミナントとして現れうる。（*Ibid.*, 7-8）

　主要共鳴であるトニックを中心に、それにもっとも近い2つの共鳴としてドミナントとサブドミナントが位置づけられているのが分かります。つまり、機能とは、ひとつ前の引用では「調における意味」と言い換えられてもいますが、「近しさ」という関係性に置き換えられるでしょう。ここで面白いのは、先ほど説明した、上方共鳴を上下対称にひっくり返した下方共鳴も、その調の音階には属さない音が含まれるにもかかわらず（たとえばハ長調の上方共鳴ドミソを逆さにした下方共鳴はファラ♭ドとなり、ハ長調の音階には属さないラ♭が含まれます）、サブドミナントに分類されている点です。リーマンによる図で確認してみましょう。

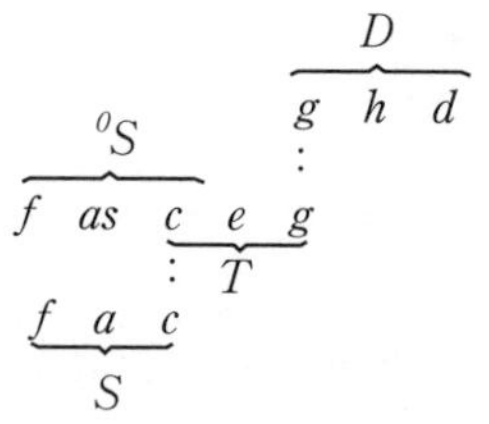

$$
\begin{array}{c}
\overset{D}{\overline{g\ h\ d}} \\
\overset{^0S}{\overline{f\ as\ c}}\ \underset{T}{\overline{e\ g}} \\
\underset{S}{\overline{f\ a\ c}}
\end{array}
$$

図2　上方共鳴に近い関係にある共鳴（*Ibid*., 8）

"^0S" の "0" は、上方共鳴である T に対して下方共鳴であることを指しています。さらにこの関係図を、下方共鳴ラドミをトニックとした場合に置き換えてみましょう。

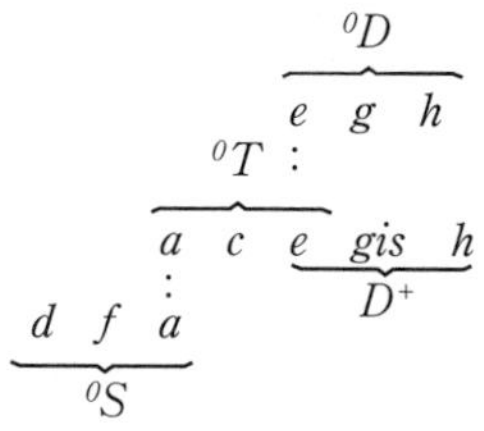

$$
\begin{array}{c}
\overset{^0D}{\overline{e\ g\ h}} \\
\overset{^0T}{\overline{a\ c}}\ \underset{D^+}{\overline{e\ gis\ h}} \\
\underset{^0S}{\overline{d\ f\ a}}
\end{array}
$$

図3　下方共鳴に近い関係にある共鳴（*Ibid*., 8）

"0" がついている和音は、すべて下方共鳴すなわち短三和音になりますが、図2とは逆に、今度は下方共鳴ラドミを逆さにした上方共鳴ミソ♯シが、ドミナントとして分類されています。"D^+" の "+" は、上方共鳴であることを示す記号です。このようにして、長・短調における和音の種類と機能の関係が可視化されました。

さて、以上の話は、上記でリーマンが調的機能を「調における意味」と呼んだように、「特定の調」の範囲に留まるものです。言うまでもなくリーマンの生きた19世紀後半には半音階的な音楽があふれており、1つの楽曲のなかでさまざまな調への転調が起きていました。リーマンは『和声論簡易版』で転調を「調的機能の変化」と言い換えています。そして、もっとも単純な進行（単純5度進行／逆5度進行）でさえ、調的機能が変化することを以下のように説明しています。引用文を読む前に、「単純5

度進行」と「逆5度進行」とは何かを確認しておきましょう。単純5度進行は、長調の場合、その調の主和音（トニック和音）の第1音からみて、進行先の和音の第1音が完全5度「上」の関係になっている場合を指します。それに対して、逆5度進行は、同じく長調の場合、その調のトニック和音の第1音からみて、進行先の和音の第1音が完全5度「下」の関係になっている場合を指します。反対に、短調の場合はこの考え方が逆転し、トニック和音の第1音からみて、進行先の和音の第1音が完全5度「下」の関係にある場合は単純5度進行となり、トニック和音の第1音に対して進行先の和音の第1音が完全5度「上」の関係にある場合は逆5度進行となります。

> 逆5度進行は見かけ上、単純5度進行の逆行と完全に一致する。同じように単純5度進行は、逆5度進行の逆行と一致する。
>
> (T－S)　　ハ長調：c^+-f^+〔ドミソ－ファラド〕＝逆5度進行
> 　　　　　　ヘ長調：c^+-f^+＝単純5度進行〔を逆行させた〕終結（D－T）
> (T－D)　　ハ長調：c^+-g^+〔ドミソ－ソシレ〕＝単純5度進行
> 　　　　　　ト長調：c^+-g^+＝逆5度進行〔を逆行させた〕終結（S－T）
> (^{0}T－^{0}D)　イ短調：$^0e-^0h$〔ラドミ－ミソシ〕＝逆5度進行
> 　　　　　　ホ短調：$^0e-^0h$＝単純5度進行〔を逆行させた〕終結（^{0}S－^{0}T）
> (^{0}T－^{0}S)　イ短調：$^0e-^0a$〔ラドミ－レファラ〕＝単純5度進行
> 　　　　　　ニ短調：$^0e-^0a$＝逆5度進行〔を逆行させた〕終結（^{0}D－^{0}T）
>
> （*Ibid.*, 155-56）

まず長調の場合をみてみましょう。1段目のハ長調の"c^+-f^+"すなわちドミソからファラドの進行は、トニック和音ドミソの第1音ドに対してファラドの第1音ファは5度下の関係にあるため、「逆5度進行」にあたります。この音程は、見かけ上はまったく同じであっても、ヘ長調という見方をした場合には、トニック和音ファラドの第1音ファに対してドミソの第1音ドが5度上の関係にあるため、「単純5度進行を逆行させた（トニック和音への）終結」となります。次に、短調の場合をみてみましょう。3段目のイ短調の"$^0e-^0h$"すなわちラドミからミソシの進行は、トニック和音ラドミの第1音ミに対してミソシの第1音シは5度上の関係に

あるため、「逆5度進行」にあたります。この音程は、見かけ上はまったく同じであっても、ホ短調という見方をした場合には、トニック和音ミソシの第1音シに対してラドミの第1音ミが5度下の関係にあるため、「単純5度進行を逆行させた終結」となるのです。

このように機能を「読み替え」ていくことで、"$c^+ - g^+$" すなわちドミソからソシレの進行は、ハ長調ではトニックからドミナントへの進行となるのに対して、ト長調とみなせばサブドミナントからトニックへの進行となります（短調にかんしても同じように読み替えられます）。こうした機能の読み替えこそが、リーマンにとって転調の本質であったと言えるでしょう。

ところで、見かけは同じであるのに意味が異なるというこの考え方を前にすると、ドイツの数学者で哲学者のゴットロープ・フレーゲ（1848〜1925）による「意味」と「意義」の区別が想起されます（奇しくもリーマンとフレーゲは1歳違いです）。実際、リーマンの研究者でネオ・リーマン理論を牽引する音楽理論家ブライアン・ハイアーも、リーマンによる調的機能論をフレーゲによる意味・意義論と関連づけています（Hyer 2011）。

フレーゲの意味・意義論について簡単に説明すると、「明けの明星」と「宵の明星」は、言葉は違いますが、いずれも同じ金星を指しています。この場合「意義」（表現）は異なるけれども「意味」は同じと言われます。この同一性と差異性をめぐる問題は、1892年の「意義と意味」という論文において表明されたものです。しかしここで注意したいのは、リーマンのいう「意味」は、見かけは同じでもその意味（すなわち機能）は異なるという意味合い（「意味」が続いてまぎらわしいのですが）で用いられているため、フレーゲのいう「意味」とは一致しません。フレーゲは、見かけは異なるが意味は同一である、と述べているからです。むしろ両者はここで、逆のことを主張していると言ったほうがよいでしょう。リーマンが強調したいのはむしろ、見かけは同じ金星というかたちをしていても、文脈によって明けの明星という機能を帯びたり、宵の明星という機能を帯びたりするという点であるからです。ほかの例で言えば、たとえば同じ人間であっても、家庭では父親という機能を果たしたり、会社では部長という機能を果たしたりするということです。

話が少々ややこしくなりましたが、重要なのは、どちらの場合においても見かけ（意義）とその機能（意味）とが区別されている点です。じつはリーマンは、フレーゲがゲッティンゲン大学で博士論文を提出した1873年、短期間ながら同じゲッティンゲンに滞在していました。両者に直接的な交流があった証拠はみつかっていませんが、いずれにせよ何人かの研究者が、リーマンによる調的機能（tonale Funktion）という概念が、当時の数学分野からとり入れられたものである可能性を指摘してきました[3]。フレーゲは、1891年に「関数（Funktion）と概念」、1904年には「関数とは何か」という論文を書き、数学における"Funktion"（関数／機能）について考察を重ねているからです。これ以上は立ち入りませんが[4]、リーマンのいわゆる機能和声論が、当時の数学や哲学的な概念に影響を受けて成立した可能性があるというのは、和声理論の歴史上たいへん興味深い点です。

2.「進行」と「転換」による和声進行の分類学

　第1節では、調的機能とその由来を探りました。トニック・ドミナント・サブドミナントという機能は、関係の近しさ（近親性）によってとらえられており、転調によってその意味を変える、というリーマンの主張は、私たちには比較的理解しやすいものでしょう。この考え方は、いま普及している和声法からそれほど遠く離れたものではないからです。しかし、19世紀後半に入って音楽がますます半音階化されていくようになると、上述のような程度の近しさだけではもはや説明しきれない和声進行が数多く生じてきます。そこでリーマンは、『和声論の手引き』[5] という著作のなかで「和声進行の分類学」という項（第24項）をもうけ、和声進行を体系的に分類しています。その分類は一見複雑にみえるため、ここでは、1980年代以降に登場してきたネオ・リーマン理論の研究者たちのま

3）たとえば Rehding（2003）や Pearce（2008）を参照。
4）詳細は Hyer（2011）を参照されたい。
5）この著作は、もともと1880年に『和声論の新しい方法にかんする概略』と題して出版されたが、1887年にその拡大版が出版されたさい、このタイトルに改められた。本書では1887年の版に依拠する。

とめにしたがって、リーマンの分類学を概観してみましょう。

　ネオ・リーマン理論の研究者たちによれば、リーマンの分類学は「進行」と「転換」という2つの概念により整理することができます。進行とは、長三和音・短三和音の種類を保持したまま別の音度に和音を進行させることです。たとえばドミソという長三和音を、5度上のソシレという同じく長三和音に進行させる、といった具合です。一方、転換とは、この長・短の種類をひっくり返すこと、つまり長三和音を短三和音へ、短三和音を長三和音へ転換することを指します。これら2つの概念を、「主要三和音（T・D・S）どうしの関係」（表1）、「主要三和音とその他の和音との関係」（表2）、「その他の関係」（表3）という3段階に分けて確認してみましょう[6]。第1節で確認したように、"+" は長三和音を、"0" は短三和音を表しています（たとえば "c^+" はドミソ、"^0e" はラドミを指します。短三和音の場合、いちばん上の音がアルファベットで示されていることに注意してください）。表を難しいと感じたら次の段落まで読み飛ばしてもかまいません。

表1　主要三和音（T・D・S）どうしの関係

進行／転換の種類	ハ長調	イ短調
単純5度進行	$c^+ - g^+$　(T – D) ドミソーソシレ	$^0e - ^0a$　($^0T - ^0S$) ラドミーレファラ
上方・下方の転換[7]	$c^+ - ^0c$　(T – ^0S) ドミソーファラ♭ド	$^0e - e^+$　($^0T - D^+$) ラドミーミソ♯シ
逆5度進行	$c^+ - f^+$　(T – S) ドミソーファラド	$^0e - ^0h$　($^0T - ^0D$) ラドミーミソシ
全音進行	$f^+ - g^+$　(S – D) ファラドーソシレ	$^0h - ^0a$　($^0D - ^0S$) ミソシーレファラ
5度転換[8] （同主調和音）	$^0c - f^+$　($^0S - S^+$) ファラ♭ドーファラド	$^0h - e^+$　($^0D - D^+$) ミソシーミソ♯シ
逆5度転換	$^0c - g^+$　($^0S - D^+$) ファラ♭ドーソシレ	$^0a - e^+$　($^0S - D^+$) レファラーミソ♯シ

表2　主要三和音とその他の和音との関係

進行／転換の種類	ハ長調	イ短調
3度転換 （平行調和音）	$c^+ - {}^0e$ ドミソ（T）－ラドミ	${}^0e - c^+$ ラドミ（T）－ドミソ
	$g^+ - {}^0h$ ソシレ（D）－ミソシ	${}^0a - f^+$ レファラ（S）－ファラド
	$f^+ - {}^0a$ ファラド（S）－レファラ	${}^0h - g^+$ ミソシ（D）－ソシレ
短3度転換[9]	$c^+ - {}^0a$ ドミソ（T）－レファラ	${}^0e - g^+$ ラドミ（T）－ソシレ
	$g^+ - {}^0e$ ソシレ（D）－ラドミ	${}^0a - c^+$ レファラ（S）－ドミソ
導音転換[10]	$c^+ - {}^0h$ ドミソ（T）－ミソシ	${}^0e - f^+$ ラドミ（T）－ファラド
	$f^+ - {}^0e$ ファラド（S）－ラドミ	${}^0h - c^+$ ミソシ（D）－ドミソ
全音転換	${}^0a - g^+$ レファラ－ソシレ（D）	$g^+ - {}^0a$ ソシレ－レファラ（S）
三全音転換	$f^+ - {}^0h$ ファラド（S）－ミソシ	${}^0h - f^+$ ミソシ（D）－ファラド

---

6) Engebretsen（2011, 354）による一覧化に基づき、リーマンによる分類の一部（全音階的な和音進行）を抜粋したものである。この分類は、東川（1998, 227-40）にも説明されている。
7) 同じ音を第1音とした、鏡像関係にある和音への進行。
8) 「5度転換」の「5度」は、長三和音の第1音に対して次の短三和音の第1音が5度上、もしくは短三和音の第1音に対して次の長三和音の第1音が5度下の関係にあることを指す。次の「逆5度転換」の「逆5度」は、逆の事態を指す。
9) 長三和音の第1音に対して短三和音の第1音が短3度下の音程関係をとる。
10) 長・短を転換し、長三和音の第1音に対して短三和音の第1音が半音下の音程関係をとるため、主音へと半音進行するよう定められた「導音」という語が用いられている。「半音転換」と言い換えてもよいだろう。それに対して次の「全音転換」は、長三和音の第1音に対して短三和音の第1音が全音上の音程関係をとり、その次の「三全音転換」は、第1音どうしが三全音（増4度）の関係にある。

表3　その他の関係

進行／転換の種類	ハ長調	イ短調
3度進行	$^0e - {}^0c$ ラドミーファラ♭ド	$c^+ - e^+$ ドミソーミソ♯シ
短3度進行	$^0a - {}^0c$ レファラーファラ♭ド	$g^+ - e^+$ ソシレーミソ♯シ
導音進行	$^0h - {}^0c$ ミソシーファラ♭ド	$f^+ - e^+$ ファラドーミソ♯シ

　ひとつの調の音階上で生じるさまざまな和音進行が、トニック・ドミナント・サブドミナントの主要三和音どうしの関係に始まって（表1）、それ以外の和音を含む和音進行（表2と表3）まで網羅的に、「進行」と「転換」という概念を組み合わせることによって分類されているのが分かります。この分類法の利点は、同主調（主音が同じ長・短調）や平行調（構成音が同じ長・短調）の関係にある和音をはじめ、さまざまな三和音どうしを関係づけることが可能になるという点にあります。

　リーマンは、このことを、さらに視覚的に把握しやすい図で説明しています。以下の図4は、論文「"音想像論"の着想」（1916）で説明の基盤として用いられた「近親関係表」です。

　c（ド）音を中心に、水平方向を右に行くと5度上の音へ、左に行くと5度下の音に辿りつきます。上下方向に見ると、左上から右下の斜め方向には短3度の音程で、右上から左下の方向には長3度の音程で音が並べられています。これらのうち山型（△）の三角形でくくられる隣り合う3つの音は、長三和音を形成し（たとえばc・e・gつまりドミソ）、逆に谷型（▽）の三角形でくくられる隣り合う3つの音は短三和音（たとえばa・c・eつまりラドミ）を形成します。さらにこの表は、和音の関係だけでなく、調の関係としてもとらえられると説明されています。たとえばハ長調の場合、c音から右側に行けばハ長調からト長調、ニ長調という風に、イ短調の場合は、「第1上3度」の列のイ短調（の主和音ラドミの主要音e）から左側に行けばニ短調（の主和音の主要音a）、ト短調（の主和音の

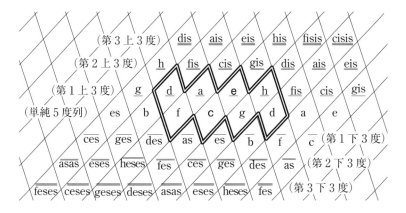

図 4　近親関係表（Riemann 1916, 20）

主要音 d）という風に 5 度の近親関係で進んでいきます。中心となるハ長調（c 音）およびイ短調（e 音）からの近さによって近親関係をとらえるため、たとえばイ長調（a 音）は、ハ長調（c 音）から右に 5 度関係を 3 回も経たものとしてとらえるのではなく、イ短調（e 音つまりラドミ）が変化したものとしてとらえたほうが、中心から近い調として解釈することができます。

　1980 年代以降に台頭してきたネオ・リーマン理論の理論家たちは、このリーマンによる和声進行の分類学と近親関係表に注目し、これらを応用することによって、19 世紀後半以降の半音階的な音楽を、三和音間の共通音に基づく「三和音の変形」として分析する方法を開発しています[11]。このネオ・リーマン理論について詳述することは本章の枠を超えますが、リーマンによるトニックを中心とする和声進行の分類学が、半音階的音楽の和声を説明する方法の萌芽として、音楽理論史上、重要な位置を占めていることは強調しておきたいと思います。

　11）ネオ・リーマン理論について、ごく簡便には西田（2017）を参照されたい。

3. 和声二元論の展開

　さて、これまでリーマンの和音や機能の分類、近親関係の理論化をみてきましたが、これらの基礎となる和音の導出方法にも触れなくてはなりません。第1節で読んだように、リーマンは、上方倍音列と下方倍音列に依拠した和声二元論に沿って長三和音と短三和音を導き出しています。『和声論の手引き』(1887) では、次のように自然倍音列と下方倍音列が定義されています。

> 音は、共鳴〔Klänge〕の代理である。共鳴には2種類しかない。つまり上方共鳴と下方共鳴である。上方共鳴は自然に直接与えられている。(Riemann 1887, 2)
> 下方共鳴は、一連の物理学的考察から、それほど目立たないが同じくらい意義深く自然に存在していることが示されているとはいえ、自然のうちにそれほど直接的には模範をもたない。下方共鳴は、すなわち上方共鳴の対照（逆）なのである。(*Ibid.*, 3-4)

　こうして具体的には、上方倍音のうち第1〜6倍音から長三和音が、上方倍音を下方にひっくり返した下方倍音のうち第1〜6倍音までから短三和音が導き出されます（譜例1〜3）。

譜例1　上方倍音から得られる響き（*Ibid.*, 2）

譜例2　（上方倍音を逆にした）下方倍音から得られる響き（*Ibid.*, 4）

譜例3　長三和音と短三和音（*Ibid.*, 5）

　リーマンはこのような和声二元論を、主に音楽理論家モーリッツ・ハウプトマン（1792〜1868）の『和声法と拍節法の本質』（1853）や物理学者アルトゥール・フォン・エッティンゲン（1836〜1920）の『二元的発展をなせる和声組織』（1866）で展開された和声二元論から受け継ぎました[12]。しかし、リーマンに独自なのは、下方倍音列が実験により「実際に耳に聴こえた」と主張した点です。つまり、彼にとって下方倍音列は理論上や思弁的な計算上の産物ではなく、（リーマンが上記引用で述べるように「それほど直接的」ではないにせよ）自然に裏づけられた現象として正当化されているのです。1877年に出版された『音楽構文論（シンタクス）』でリーマンは、自身の主張をこう弁護しています。

　　いずれにせよ、世界中のあらゆる権威が現れて「何も聴こえない」といったとしても、それでも私はこう言わねばならない。「私には何かが聴こえた。しかも、はっきりとした何かが」と。（Riemann 1877, 121）

　やや苦しまぎれの主張に感じられますが、いずれにせよこの実験には再現性がなかったため、彼の主張は、根拠に乏しい説として多くの反論を受けることになりました[13]。
　実際のところ、リーマン自身は、1873年の『音楽の論理』においても、1875年の論考「音波における下方倍音の客観的存在」においても、下方倍音列が現実に存在することをくり返し証明しようと試みてきました。し

---

[12] エッティンゲンの和声理論については東川（1998、第3部）を、ハウプトマンやエッティンゲンによる三和音の導出法についてはRehding（2003）の第1章を参照。なお、長三和音と短三和音の別を表す"＋"や"0"の記号は、すでにエッティンゲンによって用いられている。

[13] 反論の一部については、Rehding（2003, 16-18）を参照。

かし、周囲の反論が影響したのでしょう、とうとう1891年に出版された『音響学の教理問答』（のちに「音響学の手引き」に改名）では、下方倍音列は倍音どうしの干渉（ある波形の山が別の波形の谷と一致し、互いに相殺される現象）によって耳には聴こえないのだと結論づけるにいたりました（Riemann 1891, 79）。

　この主張は、下方倍音列の存在を否定したのではなく、存在はするにしても耳には聴こえないということを言わんとしています。むしろ、実際には聴こえないけれども下方倍音列を「想像」することはできる、と言いたかったのかもしれません。しかしながら最終的には、1905年の「和声二元論の問題」と題した論考でリーマンは、下方倍音列によって短三和音を導き出すこれまでの試みをみずから否定し、自然倍音列を用いて和声を基礎づけるという方法自体から離れるにいたったことも、言い添えておきます。

おわりに——物理学・生理学から「音想像」へ

　以上、リーマンによる和音や機能の分類、近親関係の理論化と、その基盤をなす和声二元論における下方倍音列に対する見解を辿ってきました。最後に、「共鳴」という語に立ち戻りたいと思います。リーマンの和声理論において「共鳴 Klang」は、広義には「響き」「共鳴」を指し、狭義には「協和する三和音」という意味で用いられていました。じつは、そのような言葉をリーマンが用いたのには理由があります。第3節冒頭の引用をもういちど読んでみましょう。

　　音は、共鳴〔Klänge〕の代理である。共鳴には2種類しかない。つまり上方共鳴と下方共鳴である。(Riemann 1887, 2)

　ここでは、それぞれの音は、上方倍音と下方倍音から導かれる共鳴を代理・代表したものであると主張されています。ヘルムホルツやエッティンゲンから引き継がれた、共鳴するものの「代理／代表」というこの考え方は、きわめて興味深いものです。リーマンは、この考え方をさらに拡張させて、次のように、ある音は、5度と3度の近親関係に基づいて、和音の

第 1 音だけでなく、第 3 音や第 5 音を務めることができると述べています。

> 最終的には、個々の音が共鳴の意味を担ったり、共鳴の代理となったりしうる。さしあたりは、共鳴をともに構成しているという意味で、その協和した構成要素である、上方共鳴と下方共鳴の第 1 音、第 3 音、第 5 音を代理しうる。(Riemann 1916, 6)

これは、いささか分かりにくい説明です。後年の論文「"音想像論"の着想」ではもっと分かりやすく譜例とともに説明されているので[14]、あわせてそちらも読んでみましょう。

> ある音が長三和音の第 1 音・第 3 音・第 5 音として、短三和音の第Ⅰ音・第Ⅲ音・第Ⅴ音として想像されると、その音はそれぞれ本質的に異なるものとなり、まったく異なる表現価値、性格、内容を有することになる〔リーマンは下方共鳴の和音構成音をローマ数字で表した〕。(Ibid., 5)

譜例 4 　和音の代理 (Ibid., 6)

ここでは、ラの音が長三和音の第 1 音になったり第 3 音になったり第 5 音になったりすることができ、また、短三和音の第 1 音になったり第 3 音になったり第 5 音になったりすることができる様子が説明されています。つまり、ある音が与えられたとき、響きすなわち和音として、まずこの 6 つの可能性を想像することができるというわけです。

さらにリーマンは、このような可能性を想像することができるように訓練しなければならない、と続けます。

---

14)「音想像」の原語は "Tonvorstellungen" である。英訳では "imagination" や "representation" などさまざまな訳語が提案されてきている。本章では分かりやすさのため「想像」とした。

音を想像する能力の最初の基本的な訓練は、個々の音を、共鳴の代理として6つの可能性があるものとして想像することにある。(*Ibid.*, 6)

　個々の音から共鳴（和音）を「想像する」というこの言い方を、なぜリーマンは用いたのでしょうか。当時の彼は、論文のタイトルにあるとおり、自身の一連の著作を「音想像論」として位置づけようともくろんでいました。この「音想像論 Lehre von den Tonvorstellungen」というタイトルは、リーマンが大きな影響を受けたドイツの物理学者で生理学者のヘルマン・フォン・ヘルムホルツ（1821～94）による著作『音感覚論 *Lehre von der Tonempfindungen*』(1863) を明らかに意識しており、しかも、ヘルムホルツの理論を乗り越えようという意図のもとに名づけられたものです。というのも当時リーマンは、ヘルムホルツのような物理学的・生理学的アプローチだけでは「音楽を聴く」ことについて説明しきれないという限界を感じていたからです。詳しく言うと、ヘルムホルツがとったアプローチは、「下から上へ」という方法、すなわち帰納的方法によっていたのに対し、リーマンは「上から下へ」、すなわち演繹的方法をとるべきだと考えたのです (*Ibid.*, 1)。

　リーマンの言う演繹的方法は、具体的にどのようなものを指しているのでしょうか。彼は次のように、自身の研究対象は、鳴り響く音楽そのものではなく、人間の想像力や体験のほうにあると主張しています。

　音芸術でもっとも大事なのは〔中略〕実際に鳴り響く音楽などではない。むしろ、楽譜に記録される以前に音に対する創造的芸術家の想像力のうちに生きた、そして音に対する聴き手の想像力のうちにあらたに生じた、音の関係の想像（イメージ）なのである。音芸術の創造物を音符に固定することも、作品を演奏することも、作曲家の想像力から生じる音楽的体験を聴き手の想像力に移植するための手段にすぎない。この基本的な考えを理解したならば、音生理学や音心理学の帰納的な方法は、はなから逆の道を歩んでいることが分かる。想像された音楽の諸要素を見定めるのではなく、鳴り響く音楽の諸要素を探っているからである。言い換えよう。音楽のもっとも内的な本質を与えるのは、音響学や音生理学や音心理学ではなく〔中略〕「音想像論」だけなのである。(*Ibid.*, 2)

帰納的方法とは、すでに音符として記録されたり演奏されたりする音楽を対象とする方法であり、リーマンの目には誤ったものとして映っていたのが分かります。音の生理学や心理学がとってきたそのような方法ではなく、作曲家の想像力のうちに生きた、そして聴き手の想像力のうちに生起する「音の関係に対する想像」を対象とすること、これがリーマンの「音想像論」が目指した演繹的方法であったのです。リーマンは「想像」という語を用いることで、「音楽を聴く」という行為に、感覚器官は音をただ受動的に感受するだけではなく、人間精神の能動的な活動であるという含意を込めたのです。ここには、音楽理論とは何を対象とすべきなのかという、リーマンの根本的な問題提起が隠れているのではないでしょうか。

引用文献
1. 一次文献

Frege, Gottlob. [1891] 1986. "Funktion und Begriff," *Funktion, Begriff, Bedeutung. Fünf logische Studien*. Hrsg. und eingeleitet von Günther Patzig, 17-39. Göttingen: Vandenhoeck & Ruprecht.［日本語訳：「関数と概念」『フレーゲ著作集』第4巻、黒田亘・野本和幸編、土屋俊訳、東京：勁草書房、1999年、15〜47頁］

—. [1892] 1986. "Über Sinn und Bedeutung," *Funktion, Begriff, Bedeutung. Fünf logische Studien*. Hrsg. und eingeleitet von Günther Patzig, 40-65. Göttingen: Vandenhoeck & Ruprecht.［日本語訳：「意義と意味について」同前、71〜102頁］

—. 1904. "Was ist eine Funktion?," *Festschrift Ludwig Boltzmann*. Hrsg. von Stefan Meyer, 656-66. Leipzig: J. A. Barth.［日本語訳：「関数とは何か」同前、157〜68頁］

Hauptmann, Moritz. 1853. *Die Natur der Harmonik und der Metrik zur Theorie der Musik*. Leipzig: Breitkopf und Härtel.

Helmholtz, Hermann von. 1863. *Die Lehre von den Tonempfindungen als physiologische Grundlage für die Theorie der Musik*. Braunschweig: Friedrich Vieweg und Sohn.［第5版（1896）に基づく日本語訳：ヘルマン・フォン・ヘルムホルツ『音感覚論』辻伸浩訳、大阪：銀河書籍、2014年］

Oettingen, Arthur Von. 1866. *Harmoniesystem in dualer Entwickelung*. Dorpat: W. Glässer.

Riemann, Hugo. 1873. *Musikalische Logik. Hauptzüge der physiologischen und psychologischen Begründung unseres Musiksystems*. Leipzig: C. F. Kahnt.

―. 1875. "Die objektive Existenz der Untertöne in der Schallwelle," *Allgemeine deutsche Musikzeitung* 2, 205-6, 213-15.

―. 1877. *Musikalische Syntaxis: Grundriß einer harmonischen Satzbildungslehre.* Leipzig: Breitkopf und Härtel.

―. [1880] 1887. *Handbuch der Harmonielehre.* [初版のタイトル：*Skizze einer neuen Methode der Harmonielehre*] Leipzig: Breitkopf & Härtel.

―. 1891. *Katechismus der Akustik.* [1914年以降のタイトル：*Handbuch der Akustik*] Leipzig: Max Hesse.

―. 1893. *Vereinfachte Harmonielehre oder die Lehre von den tonalen Funktionen der Akkorde.* London: Augener.

―. 1905. "Das Problem des harmonischen Dualismus," *Neue Zeitschrift für Musik* 72, Bd. 101, 3-5, 23-26, 43-46, 67-70.

―. 1916. "Ideen zu einer 'Lehre von den Tonvorstellungen'," *Jahrbuch der Musikbibliothek der Peters* 21/22, 1-26.

2. 二次文献

Engebretsen, Nora. 2011. "Neo-Riemannian Perspectives on the *Harmonieschritte*, with a Translation of Riemann's *Systematik der Harmonieschritte*," *The Oxford Handbook of Neo–Riemannian Music Theories.* Edited by Edwards Gollin and Alexander Rehding, 351-81. Oxford: Oxford University Press.

Hyer, Brian. 2011. "What is a Function?," *The Oxford Handbook of Neo–Riemannian Music Theories.* Edited by Edwards Gollin and Alexander Rehding, 92-139. Oxford: Oxford University Press.

Pearce, Trevor. 2008. "Tonal Functions and Active Synthesis: Hugo Riemann, German Psychology, and Kantian Epistemology," *Intégral* 22, 81-116.

Rehding, Alexander. 2003. *Hugo Riemann and the Birth of Modern Musical Thought.* Cambridge: Cambridge University Press.

東川清一 1998『音楽理論を考える』東京：音楽之友社。

西田紘子 2017「ネオ・リーマン理論とシェンカー理論――解釈と方法をめぐって」『美学』第68巻1号、121～32頁。

コーヒーブレイク Vol. 2
──日本で学ばれている和声法はどんなもの？──

Q. 現在、日本の音楽大学などで学ばれている和声法にはどんなものがあるの？

H.（編者） 日本でよく知られている和声法の教科書には、東京藝術大学作曲科教授陣の総意を結集した和声教本と言われる島岡譲氏らによる『和声──理論と実習』（全3巻、音楽之友社、1964～66年）や、同じく島岡氏を執筆責任として1998年に出版された『総合和声──実技・分析・原理』（音楽之友社）があります。これらは、東京藝術大学音楽学部の教科書として長年用いられ、戦後の日本における和声教育を牽引してきたと言えます。

　トニック(T)・ドミナント(D)・サブドミナント(S)という機能に基づく和声法の原理や実践、分析が説かれている点で、これらの教科書はドイツ人のリーマンによる機能和声を基盤としているようにもみえます。しかし島岡氏はもともと池内友次郎先生のもとで学び、自身もパリに留学しました。その頃に教本としての和声法の執筆を始めていることから、基盤となっているのは、むしろフランスの伝統的な和声法です。そのあたりの事情を、島岡氏の弟子でいらっしゃる作曲家・音楽学者の今野哲也さん（以下「K.」）にうかがってみましょう。今野さん、どうして日本の和声法は、リーマンの機能和声のようにみえるのでしょうか？

K. 島岡先生は、フランスの和声法（エクリチュール）を学びつつ、日本人には、ドイツ風の機能和声の考え方もとても分かりやすいのではないかと考えたのです。そこで、フランスの和声法を基盤として、そこに（リーマンの）T・D・Sという機能の考え方だけを重ね合わせて、日本独自の和声法をつくり上げたのです。

H. なるほど。だから第4章のリーマンの理論を読むと、日本の和声法とはずいぶん違う印象を受けるのですね。まるで第3章で登場した折衷主義のようですね。ところで、どんなところがフランス風なのですか？

K. 島岡先生自身は、フランス和声は実践的（形態論的システム）、ドイツは観念的（機能論的システム）と考えていたようです。

H. サブドミナントの扱いも違いますね。ちなみに島岡氏の『総合和声』

では、サブドミナントに含まれるのはIV度だけで、これはI度に進行してプラガル（変格）終止を形成します。一方で、『和声——理論と実習』では、II度の和音もサブドミナントとされているようですが。

K. そのような分類は、島岡先生の本でも、この教本だけなのです。『総合和声』では、II度の和音はD_2（ドミナント）に分類され、II度からV度への進行は「$T-D_2-D-T$」というカデンツを構成し、サブドミナントの機能とは区別されています。

H. 私たちが「$T-S-D-T$」と覚えたカデンツですね。ラモーから連なるフランスの和声法（第3章）でも、サブドミナントの解釈が話題になっていました。たしかにドミナントとサブドミナントを対照的にとらえる傾向は、リーマンにはあっても、フランスの和声法にはあまり感じられませんでしたね。

　ところで2015年には、林達也氏による『新しい和声——理論と聴感覚の統合』（アルテスパブリッシング）が出版され、現在、東京藝術大学ではこの本が教科書として指定されています。この本では、ローマ数字による和声記号を用いる島岡氏らの教科書とは異なり、バスの音とその他の音との音程を数字で表す「数字付き低音」に基づく和音表記法を採用しています。やはり機能和声の連結法を中心に構成されているものの、従来のサブドミナントが「プレドミナント」と「プラガル」の2種類に分類し直されていますね。

K. まさに『総合和声』におけるII度（D_2）とIV度（S）の区別に相当します。島岡先生も、『和声——理論と実習』以外では、つねにこの区別を採用しているのですよ。

H. 『新しい和声』はドイツ風とフランス風の考え方を折衷した島岡和声よりも、一歩フランス流の和声法へ戻った印象を受けますね。また「理論と聴感覚の統合」という『新しい和声』の副題は、第4章でみたリーマンの「音想像」や第5章の「音楽聴の変化」とどこかつながりそうです。

　日本の和声法は、フランスの和声法とリーマンの機能和声を重ね合わせ、日本流にアレンジしたものだということが分かりました。根本にある姿勢は、『新しい和声』も島岡和声も同じなのですね。また最近では、「コード理論」といった、ジャズやポピュラー音楽をベースとした和声理論や教本も、たくさん出版されています。日本における和声法も、時とともに変化していくのですね。

　今野さん、ありがとうございました。

第5章

耳を変える
―― 音楽聴の変化が和声理論にもたらしたもの ――

はじめに

　前章で見たリーマンの理論は、20世紀転換期にフランス語へと翻訳されることで、フランス国内をリーマン信奉派と反対派に二分することとなりました。リーマンのとりわけ和声二元論をとり入れたと言われるのが、私立の音楽学校スコラ・カントルムの教科書として、3巻本の『作曲法講義』を執筆した[1)]、作曲家ヴァンサン・ダンディ（1851～1931）です。一方、リーマンの二元論、とりわけ下方倍音や機能の考え方を痛烈に批判した反対派の一人が、クロード・ドビュッシー（1862～1918）やモーリス・ラヴェル（1875～1937）の音楽の支持者として知られる批評家ジャン・マルノルド（1859～1935）です。

　フランスにおけるリーマン派と反リーマン派の議論は、リーマン派がリヒャルト・ヴァーグナーの擁護派と、また反リーマン派が、ドビュッシー擁護派と一致することから、あたかもドイツ流の音楽の聴き方と、フランス流の聴き方が存在するかのような風潮が生まれました。本章では、まずフランスにおけるリーマンの著作に対する反応を、主に和声二元論と機能の問題に焦点をあてて確認し、ドイツ風の聴き方とフランス風の聴き方が、和声解釈という方法で語られ、形成されていく経緯を辿ります。

　そのうえで、19世紀から20世紀の世紀転換期フランスにおける和声解釈を整理するために、シャルル・ケックラン（1867～1950）の和声についての考え方をみてみましょう。ガブリエル・フォーレ（1845～1924）に作曲を学んだケックランは、ドビュッシー信奉派の一人であり、ラヴェ

---

1) 第1～2巻はオーギュスト・セリユーとの共著。第3巻はダンディの講義ノートに基づき、ギー・ド・リオンクールが執筆、ダンディの死後に出版された。

ルと同時代に活躍しました。いわゆる「フランス風和声」の伝統はいかにつくられたのか。フランス楽壇の中心にいた作曲家たちによる言説は、音楽をいかに聴くかについて、作曲現場の思考を伝えてくれます。

1. リーマンの理論への反応

　ダンディは『作曲法講義第1巻』の「和声」の章のなかで、「上方共鳴（倍音）」から長和音が導き出され、「下方共鳴（倍音）」（譜例1a）から短和音が導き出されると説明しています。この2つの倍音の間に対称関係を見出すのが和声二元論であり、この上下のシンメトリー（対称性）は、ダンディにおいて、三和音だけでなく、音階にも適用されます。上方倍音の主要音（今日でいう基音。ダンディはリーマンにしたがい、これを絶対的な価値をもつ音と定義している）は、長三和音の一番低い音（今日の言葉で言う根音）になりますが、下方倍音の基音は、短三和音の一番高い音となります（譜例1b；第4章第3節も参照）。この下方倍音と、短三和音の最高音を主要音（根音）とみなす考え方は、今日の和声法を知っている人にとっては、奇異に映るでしょう。実際ダンディ自身も、「和声家たちは低音を重視するので[2]、2つの3度のうち下にあるほうを、和音を特徴づけるものと一般に考える」と認めています（これは今日の和声法でも同じ考えです）。しかしそのうえで、ダンディは、「長（三和音）」と「短（三和音）」の命名が下の3度音程に由来することに正当性がほとんどないと断じています（d'Indy 1912, 101）。ダンディによると、長三和音と短三和音を構成する要素は同じ（長3度＋短3度）であり、2つの和音の違いを決定づけるのは、下から重ねるか、上から重ねるかという方向の違いなのです（譜例1b）。

　音階もやはり同様に説明されます。上行形の長音階を構成する要素（譜例1cのA）、すなわち音程関係を、高い音から低い音へと降りてくる下行形の音階にそのままあてはめます（譜例1cのB）。このミから出発する下

---

[2] ダンディはこの低音の優位性が、ルネサンス時代の原則のひとつである通奏低音の確立に由来すると述べている。

第 5 章　耳を変える　109

(譜例 1a) 下方共鳴

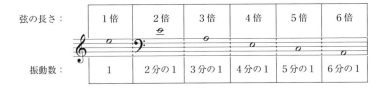

(譜例 1b)

(譜例 1c)

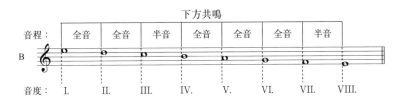

譜例 1　ダンディ『作曲法講義』(d'Indy 1912, 100, 101)

行形の音階を、ダンディはハ長調と近親関係にある、短調(短旋法)の種に属する音階とみなします。ダンディによるとこのような短調の概念は、決して新しいものではなく、古代や中世の単旋律の音楽はこのような短旋法で書かれていたとして、17 世紀に和声理論を誤って応用し、すべてを

最低音に関連づけたことから、現行の混合型の（短）音階[3]を伴う短調にとって代わられたのだと述べます。ダンディのこのような説明は、その真偽はともかく、本章第3節で辿る旋法和声の考え方にも通じるものです。

ダンディの『作曲法講義』は、リーマンの『和声論簡易版』の仏語訳（Riemann [1899?]）が出版されたのち、もっとも早くそれをとり入れた理論書のひとつであると言えるでしょう。その後1902年にリーマンの著作（『和声論の手引き』）を翻訳したミシェル・ディミトリ・カルヴォコレッシは、1903年の『ルヴュ・ミュジカル』誌において、リーマンの下方倍音の説明には納得するものの、その「客観的」存在が欠けていること、長調と短調の絶対的な対称性が一見人工的にみえることを指摘しています（Calvocoressi 1903, 545）。また下方倍音列から生まれた短三和音（ラドミ）から、さらに下方に3度ずつ重ねて生じる和音（シレファラ）を、長調のドミナントであるソシレファに対して、短調のサブドミナントの七の和音とする説明には、多少の戸惑いを感じるものの、こうした反論を過大に評価してはならないと述べています（譜例2）。

譜例2　カルヴォコレッシ「フーゴー・リーマン氏の和声システム」より（Calvocoressi 1903, 546）

批評家のポール・ランドルミーもまた、1904年に同じ『ルヴュ・ミュジカル』誌に「フーゴー・リーマンの新しい和声理論」と題した記事を掲載し、リーマンの二元論が実験によって証明されていない「仮定」に基づいていることを、冒頭ではっきりと述べています（Landormy 1904, 139-40）。しかしそのうえで、それを非難するのではなく、「概念としての下方

3）今日でも、短音階は自然短音階、旋律的短音階、和声的短音階に分けて説明される。旋律的短音階の下行形は自然短音階である。

倍音が可能である」ことで充分である、と言っているのです。ここには、和声理論が必ずしも、自然や実験に根拠を求める必要はない、という考え方をみてとることができます。実際リーマン自身も、少なくとも1905年までには、短三和音の協和性を実験的に計ることができる自然倍音によって説明する必要はない、という考えにいたります（第4章第3節参照）。

　ダンディ、カルヴォコレッシ、ランドルミーが、リーマンの理論に一定の条件をつけながらも、それを称賛あるいは吸収したのは、リーマンの機能の考え方に共感したからにほかなりません。たとえばダンディは、調性の原理と和声の認識を結びつけ、和声の概念を以下の3つに要約しています（d'Indy 1912, 116）。

1. 〔和声には〕唯一の和音、唯一協和する完全和音しかない。なぜなら、この和音だけが休止や安定の感覚を与えるからである。
2. この和音は2つの異なる様相のもとで表される。和音が下方から上方へ、または上方から下方へのどちらで生み出されるかによって、長の様相を帯びたり、短の様相を帯びたりする。
3. この和音はトニックか、ドミナントか、サブドミナントであるかによって、異なる3つの調的機能をもちうる。

　ダンディは、これ以外はすべて人工的であるとして、不協和音と通常呼ばれる和音は、（本来の）和音にもたらされる一時的な変化にすぎないと説明します。彼にとって、この機能の考え方が魅力的なのは、それによって複雑な和声を容易に分析することができるからでもあります。ダンディによる、有名なリヒャルト・ヴァーグナーの「トリスタン和音」の分析をみてみましょう（譜例3）。これはヴァーグナーの楽劇《トリスタンとイゾルデ》冒頭に現れる和声のことで、今日では美しく感じられるこの和声が、発表当時は特定の調を感じさせない和声として議論を呼びました。曲中で何度も現れるこの和声進行は、ダンディによると、サブドミナントの機能からドミナントの機能へと移行するラの調（イ短調）の和音ということになり、その和音上で各音が旋律的に引っ張られたにすぎません。

　このように、「1つの協和音とその3つの機能」という視点で楽曲を分

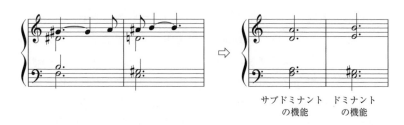

譜例3　ヴァーグナー《トリスタンとイゾルデ》の和声
　　　　（d'Indy 1912, 117）

析すると、J. S. バッハやベートーヴェンと比べても、ヴァーグナーの和声は決して複雑ではないというのが、ダンディの主張です。

　一方ランドルミーは、リーマンの機能の考え方が、これまでの（静的な）和音中心の考え方に置き換えられるところに魅力を感じています。和音を物理学的な響きとして、独立した現実としてみなすことは、音楽的な意味を見誤ることになる——旋律が進む方向性にいくつもの可能性があるなかで、その選択肢を限るために和音はあるのであり、旋律の各瞬間の連結において、思考によって和音に与えられた役割、これが機能であると考えます。

　じつはこのような「和音の役割」は、ラモーの和声理論とも共通する考え方であります。本来ラモーの和声理論では、和音そのものの響きではなく、その連結こそが重要でした。しかしラモーを分かりやすく解釈したダランベールをきっかけとして、ひとつひとつの和音を静的にとらえる傾向が生まれ、ラモー理論と距離を置いた19世紀のパリ音楽院における「和声法」は、連結よりもむしろ和音の分類が中心となりました（第3章参照）。そうした経緯もあり、フランスの人たちにとってリーマンの理論は、むしろ「ラモーへの回帰」と映りました。それは、ランドルミーの次のような文章にも象徴的に表れています。

　　　リーマン氏は、幸いヘルムホルツによってすでに解説されていた昔のラ
　　　モーの短い情報を巧妙に利用し、自身の平行和音〔同主調の和音〕と近親和
　　　音〔平行調の和音〕の美しい理論を発展させている。（Landormy 1904, 141）

したがって彼らの関心は、ラモー時代からの連続性を感じさせる「転調」と和音の「転回」にあります。カルヴォコレッシはリーマンのシステムの3つの大原則として、「長和音と短和音という異なる2つの基本和声しかないこと」、「この2つの和音は、変位したり不協和なかたちで表れているとしても、トニック、ドミナント、サブドミナントのいずれかにすぎないこと」というダンディの和声概念とも共通する2つの特徴に加えて、「転調とは、いわばこれらの和音の**機能的価値の修正にすぎない**」ことを挙げています。またランドルミーは、転調にとって重要な、和音のさまざまな転回形がもつ多義性[4]を充分に論じていないとして、リーマンの理論に対し、さらなる解明を望むのです。

一方で、フランスの批評家には、リーマンの二元論はもちろん、機能の考え方にも強い拒否感を示した人がいました。それが、ジャン・マルノルドです。1901年から『クリエ・ミュジカル』誌、1902年から『メルキュール・ド・フランス』誌で音楽批評を書き始めたマルノルドは、1905年にルイ・ラロワ（1874〜1944）[5]とともに『メルキュール・ミュジカル』誌を創刊します。彼が批評家としての地位を築くのは、新進フランス人作曲家であるドビュッシーの音楽の批評によってでした。1902年に初演されたドビュッシーのオペラ《ペレアスとメリザンド》や、《夜想曲》（全曲初演は1901年）の新しさを主張するなかで、マルノルドはリーマン流の機能に基づく音楽の聴き方では、ドビュッシーの音楽を説明しきれないことに気がつきます。次節ではマルノルドの主張を中心に、フランスにおけるヘルムホルツの受容も整理しつつ、「ドビュッシーの音楽に合った和声理論」が生まれる過程をみていきましょう。

4）とくにランドルミーがこだわるのが、五六の和音（たとえばファラドレやソシレミといった不協和を生じる和音）とその転回形である七の和音（たとえばレファラド、ミソシレ）の解釈である。

5）フランスの音楽批評家、音楽学者。高等師範学校（エコール・ノルマル・シュペリウール）において、古代ギリシャの音楽研究で博士号を取得し、その後スコラ・カントルムでヴァンサン・ダンディにも師事している。ドビュッシーの友人であり、支持者である。

2. 音感覚とイメージ――聴き方を変える

　すでに何度か登場しているヘルマン・フォン・ヘルムホルツは、ドイツの物理学者、生理学者です。自身の専門領域から音楽理論や音楽美学の領域にまで踏み込んだ画期的な『音感覚論』を出版したのが1863年のこと。『音感覚論』の仏語訳は1868年の出版ですが、その前年にヘルムホルツが執筆した『生理光学論』がすぐに仏語翻訳され、多領域からの関心を呼んでいました。ヘルムホルツの功績は多岐にわたっており、ひとつに絞ることはできませんが、とりわけ音楽家や美学者たちに印象深かったのは、「音感覚」における「知覚」と「精神表象（意識）」の間の矛盾を指摘したことでしょう。ヘルムホルツによる共鳴装置の発明により、人間には聴こえない音が実際には鳴っていることが明らかになりました。そのため、人間は耳が受け取った感覚データを、習慣的な精神プロセスによって、ゆがめていると考えられるようになったのです。これをリーマンの理論にあてはめて考えると、聴き手の習慣によって、調的な構造（機能）を聴き取ろうとすれば、直接的な音感覚は精神によってそのように誘導されるということになります。また音楽における「不協和音」が時代とともに寛容に受け入れられていく過程も、やはり精神的な習慣が関係していることが分かります。

　こうした美学的な考察により、ヘルムホルツはフランスにおいて、まず哲学の領域で応用されます。そして音楽批評においてヘルムホルツの「協和」の考え方をとり入れたのが、マルノルドでした（Marnold 1902b）。まずはドビュッシー《夜想曲》の第1曲〈雲〉冒頭における和声進行をみてみましょう（譜例4；管弦楽スコアをマルノルドが還元）。

　すでに調号（♯2つ）から想像される調（ここではニ長調かロ短調ということになります）を耳で聴き取ることは、リーマン風の機能を意識しても難しいでしょう。それでも、最初の8小節において「シ（ロ音）」がその中心であると感じる人はいるかもしれません。マルノルドが注目したのは、第5〜8小節でした。5小節目から介入するイングリッシュ・ホルン（コール・アングレ）の旋律は装飾（和音に対する一時的な変化）を含んでいると考えると、第5〜8小節の和音は、「ソシレファ」、すなわちハ長

第 5 章　耳を変える　　115

譜例 4　ドビュッシー《夜想曲》第 1 曲〈雲〉第 1 〜 8 小節
　　　　（Marnold 1902b, 69）　Source: BnF

調のドミナントの和音が響いていることが分かります。
　しかし、機能和声でいうところのこの属七の和音が「ドミソ」という主和音へと解決することはなく、「ド♮」というトニックを想起させることもありません。すなわちこの第 5 〜 8 小節の響きは、自律した響きであり、マルノルドはこれを、ひとつの協和音として聴くことができると言います。それは短調とも長調とも違う、いわば「減調」とも言えるもので、トニックは「シ」であり、さらにそのトニックに完全に協和する基音として、「ソ」があると彼は考えます（ソの響きの上で、主和音としての減三和音「シレファ」が鳴っていると考えれば分かりやすいでしょうか）。マルノルドは、ドビュッシーの音楽にみられる、解決しない（独立した）七の和音や九の和音が、基音の自然倍音のなかに含まれていることから、これらの響きを協和音として扱うことを主張し、ドビュッシーの音楽はむしろ、自然のなかから、これまで聴こえなかった音を、耳の感覚を研ぎ澄ますことによって聴き取ったものだと考えました。すなわち、我々の器官も発達するという主張であり、音楽を「どのように聴くべきか」という論理を先に組み立て、そこに耳の感覚をしたがわせようというリーマンに対して、マルノルドのほうが、より「感覚」を重視した考え方であるということになります（Kieffer 2016, 11）。しかしいずれにしても、人間が聴いて

いるものが、客観的な事実そのものではない、ということに気づいた点で、ヘルムホルツの影響はきわめて大きかったと言えるでしょう。

マルノルドは、調性理論としてすでに固定化されつつあった、「三和音（完全協和音）を音楽の基礎とすること」、そして「長調・短調の（二元的）システムを不変の特徴として認識すること」というリーマンの理論の中核を、いずれも否定しました。それには、マルノルドが過去の作品をもとに理論づけする教育家ではなく、新しい音楽に触れてそれを言語化する批評家という立場であったことも関係しているでしょう。そして音楽批評が展開される雑誌上で議論を戦わせることにより、理論が変化を受けその場で生成されていくところも、フランスの特徴かもしれません。こうして長調・短調のシステムとは違う第三の道を探し求めたフランスの人々が行き着いたのが、「旋法和声」でした。それでは、この旋法和声とはいったいどういうものなのか、なぜこれがフランス風和声と感じられるようになったのかをみていきましょう。

3. 旋法和声の系譜

旋法和声という言葉はそもそも、一般に定着した音楽理論用語ではなく[6]、ここで便宜的に用いたものです。主にフォーレやドビュッシーの時代のフランス音楽を想定して、「旋法」と「和声」が結びついた作曲法のことを言い、研究書では、「和声的旋法」や「旋法的調性」という言葉で言い表されたこともあります[7]。とはいえ、「旋法」という言葉には、なにか釈然としないものを感じる人も多いでしょう（旋法については序章も参照してください）。

旋法を「モード」と置き換えると、それほど複雑ではないことが分かります。そもそもフランスでは、長調と短調も、「モード・マジュール」と「モード・ミヌール」と言い表し、モードの一種と考えます。長調と短調によるシステムである調性は、主音（トニック）によって決定される音の

---

[6] 一般に旋法的和声（modal harmony）と言えば、バロック時代以前の時代における教会旋法に基づく和声（対位法的和声）を指すことが多い。

[7] たとえば Gonnard（2000）。

高さ＝調（トン）と、そのトニックを中心に、構成音をどのような音程間隔で配置するかという、音程配置の方法もしくは態＝モードの組み合わせからなる、という説明は、フランスで一般的なものです[8]。

しかしフォーレやドビュッシーの音楽を念頭に、リーマン流の機能和声ではないフランス風和声を意味するときの「旋法」は、第一にグレゴリオ聖歌が分類される教会旋法、第二にその教会旋法の起源と考えられている古代ギリシャ旋法を指し、それらの旋法をもとにつくられた旋律を和声づけしたような音楽が旋法和声の出発点でした。具体的には、機能和声法にとって特徴的なカデンツ（終止形）に存在する導音（音階の7番目の音。主音より半音低い音。必然的に主音へ進行する）をなくすこと、すなわち導音にあたる音を半音下げることが、もっとも簡単に旋法性を感じられる手段でありました。たとえば有名なベルリオーズ《幻想交響曲》の第5楽章では、劇的効果を狙い、グレゴリオ聖歌の〈ディエス・イレ〉の旋律を意図的に挿入することで、独特の和声が生まれています（第157〜162小節など）。

あるいはフォーレの歌曲《リディア》では、タイトルに教会のリディア旋法（ファの旋法）と女性の名前の2つの意味を込め、リディア旋法で作曲した旋律を和声付けしています（譜例5）。この場合、長音階（ここではヘ長調）には存在しない、主音と増4度の関係（全音3つぶんの隔たり）にある音（シ♮）がこの曲の個性となっています。

しかし意図的に教会旋法を用いる例は、たとえばベートーヴェンの《弦楽四重奏曲第15番》作品132の第3楽章などに先例があり（「リディア旋法による、病から癒えたるものの神への聖なる感謝の歌」と楽譜に記されています）、フランス音楽に特有のものというわけではありません。ただし、譜例6から分かるように、ベートーヴェンの例は宗教歌の模倣として、あえて対位法的につくられているのに対して、上記フォーレの作品は、旋律と和声というホモフォニーの形態をとっています（歌曲と弦楽四重奏曲というジャンルの違いも、もちろん関係しています）。

---

8) たとえばシャイエとシャランによる『音楽理論概要』（Chailley and Challan 1948, 17）。

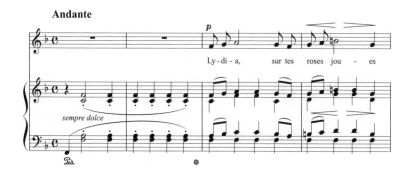

譜例5　フォーレ《リディア》第1〜4小節

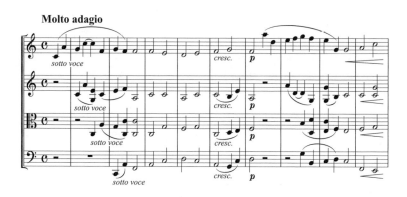

譜例6　ベートーヴェン《弦楽四重奏曲第15番》第3楽章冒頭

　フォーレに象徴される「旋法和声」は、具体的には、フォーレが学んだ私立の宗教的音楽学校、ニデルメイエール校を代表とする、当時の聖歌伴奏教育が基礎となって生まれたものです（フォーレはこの学校の創立者であるルイ・ニデルメイエールの偉大な功績を強調しています）。オルガニストでもあったフォーレにとっての聖歌は、伴奏から眺める聖歌であり、伴奏とはすなわち、和声のことでありました。長・短調システムがまだできていない頃の聖歌の旋律を、調性に引きずられることなく、自然な「和声」の一声部に組み込むこと、これがフォーレにとっての旋法性です。

　それではドビュッシーの場合はどうでしょうか。前節でとり上げた、マルノルドによるドビュッシー評を思い返してみましょう。マルノルドは、

リーマン流の機能的な和声のとらえ方を否定し、解決しない七の和音や九の和音を、独立した協和音ととらえました。『メルキュール・ド・フランス』1902年6月号に掲載された《ペレアスとメリザンド》批評で、マルノルドは「自然の共鳴 résonnance」——これはヘルムホルツの "Klang" の訳語です——という言葉を何度も使いながら、ドビュッシーの音楽の秘密が、自然の共鳴の解放的な使い方にあることを強調します（Marnold 1902a, 807）。すなわち、昨日まで「不協和」とみなされ、「解決」を必要とされていた七の和音や九の和音が、ドビュッシーの音楽においては、基音の自然な共鳴＝倍音によって形成された協和音となるというのが、マルノルドの主張です。マルノルドはさらに、この同じ共鳴の要素だけで主題が構成され、ポリフォニーがつくられるとして、《ペレアス》がもたらした耳の新しい感覚、その感覚的驚きを、音楽芸術の発展の歴史における新しい1ページであると讃えます。

　こうしたマルノルドらのドビュッシー讃を、作曲家としての立場から整理し、さらに旋法和声の流れへと方向づけたのが、シャルル・ケックランです。ケックランはいわゆる和声法や対位法についても著書を残していますが、ここではそれよりも、まさに本書のテーマにふさわしい、「和声の変遷」と題された長文の記事を紐解いてみます（Koechlin 1925）。パリ音楽院が主導する『音楽百科事典』に収められたこの記事は1923年に執筆完了したもので、ビゼーとフランク以後、フォーレ、ドビュッシーを経た1923年当時までの「現代音楽」の和声の変遷が、当時の視点で描かれています。

　ケックランの主張をざっくりまとめると、次の3点になるでしょう。まず1つ目は、ギリシャ旋法、グレゴリオ（聖歌の）旋法（教会旋法）、さらに民謡の導入により、今日の和声の観念が18世紀から19世紀の観念とまったく異なっていること。この主張は端的に言えば、16世紀以前の、モノフォニー（単旋律の音楽）も含めた旋律的音楽の復権ということになります。それと関連して2つ目の主張は、転調と終止法（カデンツ）を重視し、それを「新しい聴き方」でとらえることです。彼にとって転調は理屈ではなく音楽的感覚によるもので、終止法には感情が表れます。そして同じ楽節でも、旋法的旋律に沿った終止法が当たり前となった現代の音楽

では、それを聴く耳によって、複数の解釈が可能であることを指摘します。たとえば以下のような和声進行（譜例 7a）があったとき、これらの音をすべて音階に含むハ長調ととらえることもできますし、イ短調の導音にあたるソ♯がソ♮に半音下げられていると解釈して、ラの調（教会旋法でいうエオリア旋法にあたる、ラシドレミファソラの音階に基づく調）と聴くこともできます。

　これらと関連したケックランの 3 つ目の主張は、不協和音を再定義することです。ケックランは現代の新しい和音が、近代和声の「3 度構成」に基づく和音としてだけではなく、2・4・5・7 度ごとにそれぞれ音を積み重ねた和音としてとらえることができると主張します。たとえば譜例 7b は、ドビュッシー《映像》より〈そして月は廃寺に落ちる〉ですが、この和音をケックランは、5 度構成の和音（ラーミーシ）の転回形と解釈します。こうした考え方を前提として、ケックランは不協和音を、聴覚の習慣と前後の関係性（文脈）、そしてニュアンス（強弱やレガートなど）によっても変化する相対的なものだととらえます。彼は和声学が抽象的な理論にすぎないこと、理論にはない経験というメソッドによって音楽が創造されるべきであることを説きます（もっとも、作曲家の基礎訓練としての和声法は否定していません）。

譜例 7　ケックラン「和声の変遷」（Koechlin 1925, (a) 678, (b) 684）

　ケックランは新しい和声の説明に、ギリシャ旋法名による音階を用いています。ドリア、ヒュポドリアといった旋法の通称は、教会旋法とギリシャ旋法に共通していますが、それぞれが指し示す音階は異なります（序章参照）。フォーレの《リディア》が、教会旋法で言うところの「リディア旋法」を用いていたように、フォーレにとっての旋法は教会旋法であり

ました。しかしケックランは、たとえば「完全三和音〔完全協和音すなわち長・短三和音のこと〕」の説明のなかで、ギリシャ旋法名で音階の説明とそれに関連した和声の実例を紹介しています。そしてギリシャ旋法の研究を和声に導入することで、これまでの和声法で禁止されている三和音連結（たとえば異なる完全三和音を連続させると、5度音程が連続して同方向に移動する「連続5度」が生じますが、これは和声法で禁じられています）も可能になると考えます。

じつはケックランのなかでは、教会旋法とギリシャ旋法の間に明確な区別はなく、ここでギリシャ旋法名を用いたのは、便利な先行研究があったという事情によるものです。19世紀最後の30年間で、フランスではギリシャ音楽の研究が急速に進み、和声の領域に応用されるようになりました。たとえばケックランがここで直接参考にしているのは、ブルゴー＝デュクドレー[9]が1878年にパリ万国博覧会で行った「ギリシャ音楽における旋法性について」という講演です。彼ら作曲家たちにとって、現代における新しい和声を説明するうえで、ギリシャ旋法を用いるか教会旋法を用いるかは、名称の違いでしかありませんでした。しかし彼らがよりどころとした理論には、ギリシャ音楽にかんする研究の積み重ねに基づく重要な和声理論があります。それが、フランソワ＝オギュスト・ゲヴァールト『和声論』（Gevaert 1905-7）や、ルネ・ルノルマン『現代和声についての研究』（Lenormand 1912）です。

ギリシャ音楽の研究は、西洋以外の音階研究へと広がり、現代和声の秘密を解く鍵となります。たとえばルノルマンは上記の書の第9章「音階－調性」において、ゲヴァールトの『和声論』における「全音階的五音音階〔5つの音からなり、半音にあたる短2度音程を含まない音階〕」の研究を紹介しています。それによると、この五音音階[10]を古代ギリシャの音楽システムよりも古い音階とみなし、モンゴルや中国や日本やアボリジニー、ケ

9）ルイ・ブルゴー＝デュクドレー（1840～1910）はパリ音楽院で1862年にローマ大賞を受賞した作曲家。パリ万博講演をきっかけに、パリ音楽院の音楽史クラス教授に就任し、ギリシャ旋法についての講義を行った。詳細は安川（2009）を参照。

10）ここでは「ドレミソラド」「ドレファソラド」「ドレファソ♭ド」「ドミ♭ファソシ♭ド」の4種が挙げられている（Lenormand 1912, 88）。

ルトの音楽では今もなお出会う音階であるとしています。ルノルマンはヴァーグナーの楽劇に、この全音階的五音音階に基づく主題がいくつもあるとして、《ラインの黄金》の例を示しています（譜例 8a）。歴史の過程で、西洋音楽が 7 つの音からなる七音音階へと音階の種を定めてきたのに対して、東洋世界にはさまざまな音程関係で並べられた音階が残っていることを紹介し、ルノルマンは現代の西洋の作曲家たちもまた、自由な音階をもとに新しい和声を生み出していることを示唆しています。譜例 8b は、第 12 倍音を除く第 8 から第 14 倍音による音階で構成されていると説明されたアレクサンドル・スクリャービン（1872～1915）の神秘和音の例です（実際の自然倍音の音とは多少異なります）。

（譜例 8a）ヴァーグナー《ラインの黄金》の主題

（譜例 8b）スクリャービンが用いた音階（神秘和音）

譜例 8　ルノルマンによる例（Lenormand 1912, 87, 95）

　マルノルドがドビュッシーの音楽を批評する時期と、ゲヴァールトによるギリシャ音楽研究が和声論へと結実する時期はいずれも 1900 年代です。結果として、マルノルドがドビュッシーの音楽とともに直感的に提示した「フランス風和声」とも言うべき考え方は、聖歌の伴奏研究とギリシャ音楽研究から昇華した旋法和声と結びつくことになりました。ドビュッシーの音楽は、古代ギリシャも含めた西洋以外の音楽を旋律の素材として加え、根底から和声の感覚を変えたと理解されるようになったのです。一方でこうした音階研究がすでにヘルムホルツによって詳細に行われており、そのさらに先例として、第 3 章でとり上げたフェティスがいることも、言い添えておきたいと思います。

ケックランは「和声の変遷」の最後に、ダリウス・ミヨー（1892～1974）の言葉を引用してヨーロッパの音楽を2つの流れに分類しました。ひとつは属七の和音と半音階主義に基づく「ゲルマン的」な流れ。すべての和音を属和音と主和音に導いてしまう——いわばリーマン風の——音楽の聴き方による伝統として、ベートーヴェン、ヴァーグナー、リヒャルト・シュトラウス、シェーンベルク、そして（フランスの作曲家）オネゲルを挙げています。もうひとつの流れは、「フランス的」（ケックランはこれをケルト風、ギリシャ風とも言い換えます）な流れで、ルネサンス以前の旋法の復活により、属七を追放し、七の和音を新しい感覚で用いること、そして終止における新しい和音連結がその特徴とされています。とりわけⅡ度上の七の和音（ハ長調でいうレファラド）を属七の和音（ソシレファ）よりも自然な和音と位置づけるところは、ラモーから連なるフランスの伝統（第2・3章参照）をも感じさせます。

おわりに
　本章では、ヘルムホルツやリーマンといったドイツの科学者・理論家たちに刺激を受けたフランスにおける和声の考え方を、「聴き方の変化」という視点から辿ってきました。その中心にドビュッシーという作曲家の存在があったことは言うまでもありません。ヘルムホルツの成果をとり入れつつドビュッシーの和声の新しさを批評したマルノルドは、ドビュッシーをマリー・キュリー（1867～1934）にたとえて、ドビュッシーによる新しい和声の発見を、キュリーによるラジウムの発見と同列で論じました（Marnold 1907, 794; Kieffer 2016, 4）。すなわちラジウムと同じように、和音は目に見えなくともあらかじめ自然のなかに存在しており、そこから見抜き、観察し、発見されると考えたのです。1903年にノーベル物理学賞を受賞したキュリー夫人（その後1911年にノーベル化学賞を受賞してパリ大学初の女性教授に就任）が、フランス中でどれほど熱い視線を浴びていたかは、今日の日本におけるノーベル賞受賞者への反応からみても、想像に難くありません。
　批評家であるマルノルドが、聴き手の感覚に重きを置いて、ドビュッシーによる新しい和声を「みえていなかった真実」の発見ととらえたのだ

とすると、作曲家であるケックランはむしろ「生命の神秘」にも似たものとしてとらえました。実際ケックランは、音楽を生命体としてとらえています。そしてあたかも科学実験のように、不協和音を受け入れる過程を、3ステップで説明します。すなわち実験における失敗や誤りから和声の神秘を発見し、耳の訓練によって、その不協和音に耳を慣らし、そして記憶に固定することで、しだいに協和的なものとして受け入れていくというものです。和声を科学的に「証明」しようとしたラモーの時代から、生命体として人間の器官の側からとらえる時代への変化は、むしろ古代ギリシャ時代のハルモニアがもっていた神秘性が回帰したようにも映ります。

　一方で「旋法和声」と「フランス風和声」の結びつきは、一過性のものであると考えることも可能です。本章では触れられませんでしたが、ミヨーやケックランのいう「フランス的」な和声の流れには、スペインやロシアの作曲家たちの実例が吸収されています。また膨大な作品例を紐解けば、同様の和音連結が、決してフランスだけの特質でないことはすぐに分かるでしょう。これはあくまで「聴く側」の問題なのです。七の和音や九の和音の独立した使用や連続、また導音のない終止形を耳が「フランス風」と聴く習慣が記憶に固定されれば、これまでの和声法で禁じられた響きが、「フランス風和声」として価値を与えられることになります。

　ドビュッシーは、「フランスらしさ」を音楽において探究する時代を生きた作曲家でした。本章で便宜的に用いた「旋法和声」は、フォーレの生きたキリスト教の文脈と、ドビュッシーの時代における古代ギリシャ音楽研究、および同時代のスペイン、ロシア、東洋の民族的文脈を融合させ、ドビュッシーの音響とともに再構成された、フランスの歴史記述の産物であると言えるかもしれません。

引用文献

1. 一次文献

Calvocoressi, Michel Dimitri. 1903. "Le système d'harmonie de M. Hugo Riemann," *Revue musicale*, 3me année, no. 14 (15 octobre, 1903), 542-46.

Indy, Vincent d'. [1903] 1912. *Cours de composition musicale*. Premier livre. Rédigé avec la collab. de Auguste Sérieyx en 1897-98. Paris: A. Durand. ［日本語訳：ヴァンサン・ダンディ『作曲法講義第1巻』池内友次郎訳、笠羽映子校

訂、東京：全音楽譜出版社、1994年］
Gevaert, François-Auguste. 1905-7. *Traité d'harmonie: théorique et pratique*. Paris et Bruxelles: Henry Lemoine.
Koechlin, Charles. 1925. "Évolution de l'harmonie. Période contemporaine depuis Bizet et César Franck jusqu'à nos jours," *Encyclopédie de la musique*. Deuxième Partie (Technique, esthétique, pédagogie). Édité par Lavignac et La Laurencie, 591-760. Paris: Delagrave. ［日本語訳：シャルル・ケックラン『和声の変遷』清水脩訳、東京：音楽之友社、1962年］
Landormy, Paul. 1904. "La nouvelle théorie de l'harmonie de M. Hugo Riemann," *Revue musicale* 4, no. 5（1 mars, 1904), 139-43.
Lenormand, René. 1912. *Étude sur l'harmonie moderne*. Paris: Max Eschig & Cie.
Marnold, Jean. 1902a. "*Pelléas et Mélisande*, drame lyrique de Maurice Maeterlinck et Claude Debussy," *Mercure de France*, juin 1902, 801-10.
—. 1902b."Les «Nocturnes» de Claude Debussy," *Le Courrier musical*, 1er mars (no. 5), 68-71 et 1er mai (no. 9), 129-33.
—. 1907. "L'Affaire Ravel," *Revue musicale de Lyon* 4, no. 28, 1er mai, 793-97.
Riemann, Hugo. [1899?]. *L'Harmonie simplifiée ou théorie des fonctions tonales des accords*. Traduit par Georges Humbert. London: Augener & Co.

2. 二次文献

Chailley, Jacques et Henri Challan. 1948. *Abrégé de la théorie de la musique*. Paris: A. Leduc.
Gonnard, Henri. 2000. *La musique modale en France de Berlioz à Debussy*. Paris: Honoré Champion.
Kieffer, Alexandra. 2015. "The Debussyist Ear: Listening, Representation, and French Musical Modernism," *19th–Century Music* 39, no. 1, 56-79.
—. 2016. "Riemann in France: Jean Marnold and the "Modern" Music-Theoretical Ear," *Music Theory Spectrum* 38, no. 1, 1-15.
安川智子 2009「ブルゴー=デュクドレの万博講演（1878）における〈ギリシア旋法〉とその歴史的意義」『地中海学研究』第32号、63～82頁。

第6章

音が意志をもつ
―― 楽曲に共通する原型 ――

はじめに

　第5章では、リーマンの機能和声理論をフランスの作曲家や理論家たちがどのように受容してきたのかを辿ってきました。リーマンの和声理論がいかに影響力の大きなものであったかが感じられたと思います。ひるがえってドイツ語圏で、リーマンの和声理論を継承した一派はいたのでしょうか。弟子のようなかたちでリーマンの理論をはっきりと受け継ぎ、発展させた人物はいなかったにせよ[1]、後代の音楽家たちは多かれ少なかれその和声理論に影響を受けているといって差し支えありません。今日の私たちでさえ、和声理論といって思い浮かべるのは、リーマンに代表される機能和声理論なのですから。

　ドイツ語圏においてリーマンを直後の世代で受容した人物のひとりに、20世紀前半のウィーンで音楽批評家やピアノ奏者、そして音楽理論家として活動したハインリヒ・シェンカー（1868～1935）がいます。ただし、シェンカーによる受容は、徹底した批判によって行われました。シェンカーは、著作はもちろん日記や手紙においてもしばしば彼を名指しし、その理論や楽曲解釈を批判し続けました。ライバル視していたと言ってもよいかもしれません。そのことからもうかがえるように、現在にいたるまで、リーマンとシェンカーは、和声に対して対照的なアプローチを試みた2人として知られてきました。前者は機能和声理論の、後者は（聞き慣れない言葉でありますが）音度理論や層理論の代表者として、です。音度や層についてはのちほど触れます。

---

[1] ただし、リーマンの和声理論は、1980年代以降のアメリカで「ネオ・リーマン理論」というかたちで応用されて復興されることになる。

本章では、シェンカーの和声理論とその思想をとり上げます。シェンカーというとまず「シェンカー分析」という語を思い浮かべる人も多いでしょう。日本でも 2013 年に『調性音楽のシェンカー分析』という邦訳書が出版されたことで、その方法を手軽に知ることができるようになりました。なぜシェンカー分析そのものではなく、その土台となった、シェンカーその人の和声理論と背景にある思想についてとり上げるかというと、分析の前提となる「理論」は特定の価値観に基づいて構築される、という点を検討するためです。

端的にまとめるならば、彼の和声理論は「音は互いに緊密に関連しているのだから、楽曲は人間身体のようにひとつの生き物（有機体）としてとらえられる」という価値観に基づいています。さらには、「ひとつの楽曲は、ハッピーエンドの物語のようになっていて、曲中の不協和音などが生み出す緊張状態は、曲の最後で、主和音という協和音に解決される」という価値観に基づいています。なぜこのような前提が成立したのでしょうか。さまざまな思想的背景が考えられますが、ひとつには、彼が、リーマンのように数多くの専門的な記号などを用いて和音を機械的に分類する方法を非難していたことが挙げられるでしょう。シェンカーの目には、そんなやり方では音楽を正しく聴取・演奏することはできない、つまり音楽の本質に辿りつくことができないと映ったのです。

このような価値観は、シェンカーに限らず、シェンカーとおよそ同時代に生きたドイツ語圏の音楽家たちには、ある程度共有されていました[2]。この価値観が具体的にどのようなものであり、それがどのような和声理論を生み出したのかを紐解いてみたいと思います。第 1 節では、楽曲中の和音にはどのような性質があるのかという点を、「主和音化」という典型的な概念を例に見ていきます。第 2 節では、リーマンの機能和声理論に対するカウンターアプローチとなった「音度」という概念の由来を探ります。そのさいにも、楽曲中の和声がひとつの有機体としてまとまりをもっているという考えが前提になっていることが確認されるでしょう。その究極の

---

[2] この点にかんするシェンカーの価値観や周辺の音楽家との関係は、西田（2011および2018）を参照されたい。

形態として「ウアザッツ（根源的構造）」と呼ばれる、ひとつの楽曲をひとつの和声進行で表した原型が発見されるのですが、最終節では、これらの概念の基底をなす、「自然」と「芸術家」との関係に目を配りたいと思います。

1. 音は生き物である──主和音になりたいという衝動

　私たちはともすると忘れがちなのですが、音は目に見えませんし、音はモノではありません。たとえば「この音とあの音がぶつかっている」「音にエネルギーがほしい」といった発言は、よく耳にする言い回しです。これらは、音がモノであることを前提にしていますが、実際には事実ではないので、比喩（メタファー）であると言えます。このように、音について語るということは、何らかのメタファーを伴うことが多いのですが、シェンカーの場合「音が意志や衝動をもっている」というメタファーを好んで用いました。好むどころか、このメタファーを基盤に理論を構築していったのです。その最たる例が「主和音化」と呼ばれる概念です。1906年に出版された『和声論』[3]におけるシェンカー自身の説明を読んでみましょう。

> 楽曲の始めだけでなく、楽曲のただなかにおいても、あらゆる音度[4]は、最強の音度である主和音の価値を得ようという抑えがたい衝動を表明する。この音度が属している全音階の内部で、主和音という最強の価値を得ようという衝動が実際に許されるとすれば、私はこのプロセスを主和音化、そしてこの現象自体を半音階法と呼ぶ。(Schenker 1978, 337)

　少し分かりにくいのですが、J. S. バッハの《イタリア協奏曲》BWV971の第1楽章を例に、この説明をかみ砕いてみましょう。

---

[3] 本章では1978年のファクシミリ版に依拠する。
[4] 音度（Stufe）とは、音階の度数およびその音を根音とする三和音を指す。序章の16頁も参照。

譜例 1 　《イタリア協奏曲》BWV971 の第 1 楽章の一部（*Ibid.*, 338）

　この曲はファソラシ♭ドレミファの音階からなるヘ長調で書かれており、2 小節目はシ♭レファの和音つまりヘ長調の IV 度の和音となっています。しかしこの小節には、ヘ長調の音階には属さないミ♭があります。このミ♭は、なぜ現れたのでしょうか。シェンカーは、ミからミ♭へと半音階的に変化することによって、この小節ではあたかも、シ♭ドレミ♭ファソラシ♭の音階からなる変ロ長調に一時的に転調したかのような効果が生み出されると説明しました。つまり、ミ♭をファラドミ♭という変ロ長調の属七の和音の第 7 音が挿入されたものとしてとらえると、この小節のシ♭レファは、ヘ長調の IV 度ではなく、この属七の和音（ファラドミ♭）を解決させる変ロ長調の主和音であるかのように聴こえるのです。

　なぜそのような効果を作曲家はとり入れたのでしょうか。この点については、たんにミだけを続けて演奏するよりも、ミ♭を登場させることによって曲にコントラストがもたらされるためだと説明されています。しかし、それだけではありません。ここではヘ長調の IV 度が変ロ長調の I 度に、すなわち自分が主和音という主軸になろうとする衝動を発揮しているのだ、と言うのです。この例に限らず、どの音度も、生き物が衝動をもつのと同じように、その音度を主音とする調の主和音になろうとする衝動をもちえます。実際にその衝動を表明するには、その調には属さない半音階的な音を助けとすることになります。

　このように、主和音化のプロセスは、半音階法と必ず結びつきます。シェンカーは、半音階法を、楽曲の中心となる全音階とは異なる別の全音階（先ほどの例ではヘ長調に対して変ロ長調の音階）を生み出すための機会を与えるという点で重視しました。別の全音階をもちこむことで「コントラスト」が生じるため、響きにも深みがもたらされるからです。先の例

では、ミを使い続けるよりも、ミ♭を挟み込んだほうが、もともとの音自体（ミ）の意義が増すというわけです。

　しかし、シェンカーは、この半音階法と転調を明確に区別しています。ファラドミ♭を用いることでシ♭レファが変ロ長調の主和音になろうとしたからといって、この進行はヘ長調から変ロ長調への転調、つまり調の変化を意味するわけではありません。そうではなく、あくまで支配的な調からの一時的な逸脱や拡張である、と解釈されます。この種の半音階法は、ヘ長調の曲のなかの一種のスパイスのようなものなのでしょう。

　ここに、調的・和声的統一性の概念がみてとれます。たとえ半音階法が用いられたとしても、たとえさまざまな音度が主和音になろうとする衝動を表明したとしても、結局のところ、1つの楽曲には1つの主和音しかないということです。半音階的コントラストを通して深みを増すわけですから、統一性は多様性を必要条件としていると言うことができます。調的・和声的統一性の概念は、次章でとり上げるシェーンベルクの和声理論にもみられるものです。

　シェンカーは、音が衝動をもつ、つまり音を生き物としてとらえるメタファーを、生涯を通して自身の基盤としました。1920年代に入ると、彼は『音の意志』という、音楽分析の専門雑誌を刊行し始めます。音が意志をもつというタイトルに、そのメタファーが明らかに読み取れるでしょう。このようなメタファーをシェンカーが用いた背景には、音楽作品を作曲したり演奏したり聴いたりするさいに、音の連なりを生命のない無機物としてではなく、生き物としてとらえるべきだという考え方があったからです。

2. 音は概念上は持続している——小節を超えて生じる経過音

　第1節では、シェンカーの和声理論のうちもっとも特徴的と言える、「音が意志や衝動をもっている」という考え方をとり上げました。さらに、「音は、鳴っていなくても鳴っている」という考え方も、彼の和声理論を理解するうえで避けて通ることはできません。鳴っていなくても鳴っているものとして音をとらえる——なにやらオカルトのように感じられる

考え方ですが、これこそ、和声理論に限らず「シェンカー分析」の基盤中の基盤と言えるものです。順を追って読み解いていきます。

　和声理論における重要な概念に「経過音」があります。これは第7章でも鍵となりますが、この経過音にシェンカーは、きわめて独特の定義を与えました。まず、経過音とはどういうものなのかについて把握しましょう。たとえばハ長調の主和音（ドミソ）において、ドミソ以外の音は、「非和声音」と呼ばれます。このように非和声音は、そのとき鳴っている和音の構成音以外の音を指します。非和声音にはさまざまな種類がありますが、そのうち「経過音」と呼ばれる非和声音について、ヨハン・ブルクミュラー作曲《25の練習曲》の第1曲〈すなおな心〉を例に確認しましょう。

譜例2　〈すなおな心〉冒頭（経過音）

　1小節目の和音はハ長調のI度つまりドミソで、2小節目の和音はIV度つまりファラドです。右手のメロディに登場する1小節目のレや2小節目のソは、ドミソやファラドの各音の間を一方向（上方向もしくは下方向）に順次進行するという意味で「経過音」と呼ばれます。経過音は、譜例2におけるようにハ長調の音階に属する音であったり、たとえばファ♯のようにハ長調の音階には属さない音であったりと、さまざまですが、いずれにせよ和音の構成音に挟まれる必要があります。

　では次に、『音楽における傑作』という音楽分析論集の第2巻（1926）[5]でシェンカー自身が挙げた例（譜例3）を見てみましょう。こちらも、分かりやすい例です。

　最初の小節では、後半で音が変化しているため、和音が2つ（ドミソと

5）本章では1974年のファクシミリ版に依拠する。

譜例3　シェンカーによる経過音の例（Schenker 1974, 31）

ミソシ）並んでおり、和声が変化しているかのように思われます。しかし、シェンカーは、最初の小節において和声は変化していないととらえました。ここでは、「数字付き低音」[6]と呼ばれる、数字で和音を指定する表記法が用いられていますが、分かりやすく説明すると、1小節目には、バス（ド）から数えた第3音（ミ）と第5音（ソ）、すなわちハ長調の主和音（I度）だけがあり、小節後半に現れるシは経過音とみなされています――ちなみに2小節目でこの和音は、バス（ラ）から数えた第3音（ド）と第6音（ファ）、すなわちハ長調の下属和音（IV度）であるファラドの第一転回形へと進行しています。

　このように、1小節目にはI度の和音しかないと理解すること自体は、とくに珍しいわけではありませんが、シェンカーに独特なのは、冒頭の2分音符ドを「（実際には持続していないが）概念上は持続している」とわざわざ説明している点です。つまり、この小節の後半で、ドは実際には持続していないが、持続しているものとして考えなさい、とあえて指示しているわけです。なぜこう主張したかと言えば、この小節においてドミソの三和音だけが影響力をもつことを強調したかったからだと考えられます。逆にみれば、和声的に影響力をもつドミソに対してシは影響力をもたないということです。要するに、ひとつの楽曲中の音は、和声的に影響力をもち、実際に持続していなくても持続しているものととらえるべき音と、そうではない音とに分けられるのです。

　ここに、実際に楽譜上に書かれている音符の長さとは無関係に、音の和声的重要性から音符の長さをとらえ直そうという思考がみてとれます。た

---

6) 主にバロック時代に用いられた、伴奏楽器のための記譜法であるが、和声論等の音楽理論書においても、現在にいたるまで、この表記法を和音の種類を表す表記法として使用する例が数多くみられる。序章の21〜23頁を参照。

しかに、楽譜に書かれている音符が長ければその音は重要、短ければ重要ではない、という風に考えるのは無意味なわけですから、楽譜上の音を「ある特定の観点から」解釈し直すこのような作業は、その楽曲を演奏したり聴いたりするうえで不可欠な作業であると言えます。

シェンカーにとって、この「ある特定の観点」とは何でしょうか。それについて検討するために、もう少し長い曲の例を挙げましょう。以下の譜例は、J. S. バッハのモテット第4番「来たれ、イエス、来たれ」BWV229 の冒頭部分を、シェンカーが分析した図です。

譜例4　バッハのモテット BWV229 に対するシェンカーの分析図
（*Ibid.*, 32）

この曲は、合唱Iと合唱IIの2つの合唱群に分かれており、それぞれの合唱群は混声4部合唱で構成されています。それが書き直されているのですが、どの音符も省略されることなく、音の長さも変更されることなく書き移されています。したがって、シェンカーがここで書き加えているのは、弧線を伴う「4度進行」「3度進行」という書き込みだけです。

まず、冒頭の4小節に目を向けましょう。最高音の4度進行はレ・ミ♭・ファ♯・ソという4度の進行を、最低音の3度進行はソ・ラ・シ♭とい

う3度の進行を指しています。次に、6～9小節目に目を向けると、上段の4度進行はレ・ド・シ♭・ラ[7]を、下段の4度進行はソ・ファ・ミ♭・レを指しています。これらの進行についてシェンカーは、次のように説明しています。

> 上声部と下声部の線的進行[8]のうち冒頭音が、たんに概念上で持続する音〔中略〕としてではなく、本物の持続音として挿入されていたとすれば、とくに第6～9小節ではなんとたくさんの不協和音が生じてしまうことだろう！（*Ibid.*, 32）

　この説明から分かるように、シェンカーは、4つの線的進行（3度進行1つと4度進行3つ）について、それぞれの最初の音を概念上は持続しているものととらえています。これに対して、それに続く音は、実際に鳴り響いているにせよ、最初の音に対して副次的な影響力しかもっていないことが示唆されています。譜例3では、1小節内の規模で述べられていたことが、譜例4では、単一小節を超えて複数小節にわたる規模にあてはめられているのです。

　シェンカーの説明によれば、大局的にみると、最初の4小節では上声部にレ、下声部にソが「概念上」持続しており、第6～9小節でもやはり上声部にレ、下声部にソが「概念上」持続しており、それ以外は経過音として把握されることになります。かりに、それぞれの線的進行の最初の音が「概念上」ではなく「実際に」持続していた場合、そのほかの音との間にひどい不協和音が生まれてしまいます。シェンカーは、この仮定を逆手にとって、だからこそ概念上の持続音として存在するほかないのだと、自身の主張を正当化しているのです。

　小節を超えた進行を想定し、最初の音を和声的に重要な音、それ以外の音を経過音として理解するこのようなアプローチは、私たちの実際の聴き

---

[7] 弧線が6小節目のレから9小節目のレに引かれており、その範囲が不正確である。ここではこの4度進行を指していると推測される。

[8] 「線的進行」とは、垂直的・同時的な鳴り響き（和音）ではなく、水平的・継時的な音の流れ（進行）を指す。

方とはかけ離れているように思われます。第6〜9小節の上段でレが持続しているという風に聴く人は、あまりいないのではないでしょうか。7小節目の上段のドを、前の小節のレに従属する経過音として聴く人も、あまりいないのではないでしょうか。では、経過音を大規模な範囲でとらえようとするメリットは、いったいどこにあるのでしょうか。

その答えは、作品の一部ではなく全体の流れが視覚的にひとつの統一体として把握できるという点にあると言えます。通常は小節内の規模で考えられていた経過音を、小節を超えた範囲にあてはめることで、楽曲を、究極的にはひとつの和音を引き延ばしたものであるととらえることができるのです。

シェンカーは後年になると、ウアザッツ（根源的構造）と呼ばれる、複数の楽曲に共通する原型を示します。

譜例5　ウアザッツ（Schenker 1935, Anhang, 1）

ウアザッツは、死後に出版された著作『自由作法』（1935）で明確に定義づけられました。譜例4のように大規模な範囲で経過音を考えていくと、最終的にもっとも大規模な範囲では、ひとつの楽曲を、ひとつの和声進行すなわち原型に還元することができるのです。

このような主張を前にすると、「それぞれ個性的な楽曲をすべて同じ原型に基づかせるのは乱暴ではないか、個々の曲の面白さがみえなくなるのではないか」と危ぶまれる方も多いのではないでしょうか。最後に、この点に一言添えたいと思います。複数の個性的な楽曲は、同じ原型に基づくものとして理解したとしても、この原型からどのように経過音が加えられてどのように楽曲として展開されていくのかを考えることに、個々の曲を分析し聴取する面白さがあるのです。シェンカー分析では、個々の楽曲が

この原型に基づくという結論が大事なのではありません。そうではなく、実際の楽曲と原型との間には、「層」と呼ばれるいくつかの段階がもうけられ、その中間段階で、どの音を重要な音とみなすのか、どの音をそうでないとみなすのかを、分析の指針を踏まえつつ分析者が解釈する必要があります。つまり、和声的に重要な音を解釈することに、シェンカー分析の醍醐味があると言えるでしょう。

3. 自然倍音列と芸術家——耳は第5倍音までしか進まない

　前節では、シェンカーが、(1) 調性音楽であればたとえ長い曲であっても、ウアザッツと呼ばれるシンプルな原型に基づくことを分析の前提にしていたこと、(2) この前提が、楽曲を統一性という観点から把握するために生まれたものだということ、の2点を確認しました。しかし、この前提にはもうひとつ、重要な観点が隠れています。「自然」と「芸術家」との関係です。芸術あるいは芸術家が、自然とどういう関係を結んでいるのかについては、西洋美学の領域で長らく議論されてきたトピックのひとつです。シェンカーも例外ではありません。『和声論』は、まさにこのトピックを出発点としており、それを知ることで初めて、なぜウアザッツという原型が重視されたのかに合点がいくでしょう。

　前代の理論家たちと同じく、シェンカーも、自身の理論を根拠づけるために自然倍音列を用いました。具体的には、自然倍音列を基に、長三和音や音階、音度進行を説明しています。その点で『和声論』は慣習的であると言えますが、しかしその活用法は、次の2点でやや特殊であると考えられます。つまり、(1) 独自の理由から自然倍音列を5番目で区切り、それ以降の倍音を無視したこと[9]、(2) 自然と芸術家の役割を区別したこと、の2点です。結論を先取りすると、彼は、自然倍音列は人間にとって暗示にすぎず、芸術家は自然を人工的に開発する必要があるという考えを出発点にしています。

　9）シェンカーの和声理論における5度ないし第5倍音の役割についてさらに詳しく知りたい場合は、Clark (1999) を参照されたい。自然倍音列については、序章の10頁を参照。

この考えの背景には、自然は無限であるのに対し、芸術家は有限であるという対比があります。たとえば、耳には限られた倍音しか聴こえませんし、声域にも限界があります。これらの例だけでもすでに、シェンカーが言わんとしていることは容易に想像できるでしょう。だからこそ人間には、自然に何らかのかたちで限定を加え、閉じたシステムを生み出す必要があるのです。三和音は、自然から3つの音をとり出して1オクターヴ内に集めたものですし、音階は、無数の音から1オクターヴ内の主音から主音までを区切ったものです。そしてひとつの楽曲は、限られた音域内で展開されます。このようにシェンカーは、調性というシステムを、芸術家が自然に内在する無限の音を「省略」することによって創造したものだととらえました。

では、具体的に理論構築の手順を追っていきましょう。先述のようにシェンカーは、自然倍音列を第5倍音までで区切ります。その理由は、次のように説明されます。

> 驚嘆すべく不思議で説明のつかない神秘的なことであるが、耳は分割原理5〔＝第5倍音〕までしか進まない。(Schenker 1978, 39)

耳が第5倍音までしか知覚できないことこそ、「倍音列と私たちのシステムとの間にある真に芸術的な関係」(*Ibid.*, 37)であり、自然が私たちに課した限界なのだ、というわけです。大げさな物言いではありますが、シェンカーにとって「5」という数字はかなり特別なものだったようです。「5度の優位」という項目までが設けられ、さらに次のような説明が加えられています。

> 5度のソは、3度のミよりも強力である。というのも、より単純な分割原理3〔第3倍音のソ〕のほうが分割原理5〔第5倍音のミ〕に先行するからである。これまで芸術家の直観は、つねに3度よりも5度に強い価値を感じてきたし、今もそうだ。だとすれば、それはそのように自然に基礎づけられているのであって、偶然ではない。5度は、いわば倍音のなかの長子として、芸術家にとってはほぼ聴覚の単位であり、いわば音芸術家の尺度なのである。(*Ibid.*, 39)

ここでは二重の意味で「5」に特権が与えられています。ひとつは、第5倍音の「5」であり、これは基音との間に長3度を生み出します。もうひとつは、第3倍音が基音との間に形成する完全「5」度です。この2つから根拠づけられる長3度と完全5度が、長三和音の基礎となります。この根拠から、長三和音だけが自然に根づいた唯一の和音である、という主張が導かれることになります。

このように特権化された5度は、音階を説明するさいにも活躍します。シェンカーによる音階の理論化は少し複雑です。段階ごとに丁寧に辿っていきましょう。まず、音階という語を聞くと、通常は2度ずつ並べられた7つの音、つまり全音階が思い浮かびますが、音階とは、その自然な状態では、譜例6のように5度ずつ並べられたものだと言われます。

譜例6　音階の自然な状態（*Ibid.*, 42）

そのうえでシェンカーは、これらの音それぞれが、等しく価値を有する根音になりうると考え、各音にひそむ第3倍音（完全5度）および第5倍音（長3度）を加えます。

譜例7　音階の各音に第3倍音と第5倍音を加えたもの
　　　（*Ibid.*, 43）

この譜例は、個々の音に備わる自然な傾向（耳に聴こえる倍音）をわざわざ音符で書き表したものです。

一方、全音階を導き出すためには、もうひとつ別の原理が必要となります。「反行 Inversion」の原理です。自然倍音列は上方へ「発展」していくのに対し、この5度関係は、芸術家によって譜例8のように下方へと反行させられます。

譜例8　5度関係の反行（*Ibid.*, 51）

　これは、自然とは無関係の、純粋に人工的な方法です。彼によれば、この反行が、高い芸術的価値をもった緊張を生み出し、作曲家にとって大きな刺激となるのです。
　以上のことを芸術家は、ひとつのシステムへと落とし込まなくてはなりません。再び「省略」の原理が用いられます。すなわち、無限の広がりを、譜例9のように1オクターヴ内の狭い空間に圧縮するのですが、同時に、再び「5」の原理により、対象となる範囲は、ドとそこから派生する5つの根音（ソ・レ・ラ・ミ・シ）に限られることになります。

譜例9　発展と反行の原理を合わせた音階（*Ibid.*）

　こうして、自然倍音列を基に「省略」「5」「発展」「反行」といった方法を通して譜例9が得られたわけですが、ここにはハ長調の下属和音（Ⅳ度）が欠けています。そこでシェンカーはさらに、再び反行の原理によって、ドの5度下にある下属和音のファを加えます。これもまた、人工的な手順です。

譜例10　反行の原理による下属和音の追加（*Ibid.*, 54）

　全音階が完成するまで、あと一歩です。譜例9や譜例10を見ると、三

和音がすべて長三和音であることに気づくでしょう。ここで、音階を有用なものとして（つまり全音階として）確立するために、最後の人工的な処置が必要になります。譜例10において、レファ♯ラのファ♯からシャープをとってレファラに、ラド♯ミのド♯からシャープをとってラドミに、ミソ♯シのソ♯からシャープをとってミソシに、そしてシレ♯ファ♯のレ♯ファ♯からシャープをとってシレファに変形すると、ようやく譜例11のような全音階が確立されます。

譜例11　全音階（*Ibid.*, 55）

　複雑な手順を踏みましたが、自然倍音列という自然の原理と、「5」という数字や反行といった人工的な原理とが組み合わされて全音階が理論づけられていく過程を実感することができたのではないでしょうか。
　この手順のうち本書にとって重要なのは、以下の3点にまとめられます。(1) 音階に下属音をとり入れるために、自然倍音列に由来しない下方5度の連鎖を活用していること、(2) そのさい、上方倍音列を自然な原理、下方への反行を人工的な原理ととらえ、上方と下方を同等のレベルにあるとはみなしていないこと、さらに、(3) 後者の人工的な原理を、前者に対して劣ったものとしてではなく、芸術に必要な、いやむしろ芸術を高める原理として位置づけていること、です。これらの点でシェンカーは、リーマン（第4章）やシェーンベルク（第7章）との違いを示しています。
　最後に、音度進行の理論化にも簡単に触れておきましょう。音度とは、たとえばドミソであればハ長調のI度といったように、ある和音が音階中のどの度数に属するものなのかを表したローマ数字を指します[10]。音度進行も、自然さ、つまり自然倍音列に基づいて分類されました。その考え

---

[10] ただし、シェンカーは、とくに後年になると、すべての和音に音度をあてがったわけではなく、和声的に重要な和音にのみ音度があるととらえた。つまり、すべての和音の根音が音度となるわけではない。

方は単純です。第5倍音までに生じる5度と3度が自然な進行であるのに対し、そこまでに生じない2度は人工的な進行と定義されました。さらに、それぞれの進行について、「発展」の原理から生じる場合は「増大進行」、「反行」の原理から生じる進行は「減少進行」と呼ばれました。たとえば5度上行するⅠ−Ⅴ度は増大進行に、それを反行させたⅠ−Ⅳ度は減少進行に分類されます。このようにして、三和音、音階、音度進行という基本的な前提を、シェンカーはすべて自然倍音列の「5」に基づかせました。この意味で彼のアプローチは、きわめてシステマティックであると言えます。

　ところで、和声理論のよりどころとなる価値観は、その時代の科学的発見や学術的思想から少なからず影響を受けるものです。しかし、自然倍音列を「どのように」とり入れるのかは千差万別です。たとえば、第2章でとり上げたラモーは、ちょうど自然倍音列が発見された時代に生き、『自然の諸原理に還元された和声論』で用いたモノコルドに基づく説明方法を捨て、のちの著作（『音楽の新体系』等）では自然倍音列を理論の根拠とし始めます。そうすることで、自身の理論にあたかも普遍的真理のごとき権威を与えようとしたのでしょう。しかし、ラモーは自然倍音のうち、純正音程からずれるという理由で第5倍音までしか考慮しませんでしたが、その説明はやや恣意的であるという印象をぬぐえません。

　一方、シェンカーの説明に目を向けると、「5」という数字は、とくに何かの科学的事実に基づいているわけではありません。本節の最初の引用を読み返すと、「驚嘆すべく不思議で説明のつかない神秘的な」現象として、耳が第5倍音までしか進まないことを、議論の余地なくあらかじめ規定しているのです。彼の説明がその時代特有の思想に依存していないという意味では、この説明は超歴史的なものであると言えるかもしれません。しかし、このような有無を言わさぬ態度は、シェンカーの弟子でさえ、思わず眉をひそめるものだったようです。

　裏を返せば、和声理論というのは、自然現象や科学的事実だけでは説明しきれない性質をもつものであり、その理論を構築する者の解釈がどうしても入り込んでしまうところに面白さがある、と言えるのかもしれません。

おわりに

　以上、シェンカーの和声理論のうち特徴的な概念やその背景に察知される価値観を紐解いてきました。最後に、次の章でとり上げるシェーンベルクへと注意を向けておきます。じつは、シェンカーとシェーンベルクの年齢差は8年。ともにウィーンで活動したという点からも、時代を共有した間柄と言えます。実際にも2人は知り合いでした。知り合いといっても仲がよかったわけではなく、彼らは、20年あまりにわたって論争をくり広げていました。これほど長い期間にわたって論争を続けるわけですから、思想的な隔たりはかなり大きなものだったと考えられますし、論争が彼らの理論や思想を醸成したとも言えます。

　本章と次章を続けて読むことで、2人の違いが感じられることでしょう。たとえ同じ時代、同じ土地に生きた人間どうしであっても、和声理論にこれほどの違いが生まれうるということを知ることができます。しかし一方、2人の価値観には共通性もあるのです。

引用文献

1. 一次文献

Schenker, Heinrich. 1935. *Der freie Satz*. (Neue musikalische Theorien und Phantasien III.) Wien und Leipzig: Universal Edition. ［英訳：*Free Composition*. Translated and edited by Ernst Oster. Hillsdale, NY: Pendragon Press, 1977.］

—. [1925, 1926, 1930] 1974. *Das Meisterwerk in der Musik: Ein Jahrbuch*. 3 Teile in einem Band. Nachdruck. Hildesheim: Georg Olms Verlag. ［英訳：*The Masterwork in Music: A Yearbook*. Translated by Ian Bent et al. Edited by William Drabkin. Cambridge: Cambridge University Press, 1994-97.］

—. [1906] 1978. *Harmonielehre*. (Neue musikalische Theorien und Phantasien I.) Nachdruck. Hrsg. von Rudolf Frisius. Stuttgart: Cotta. ［英訳：*Harmony*. Translated by Elisabeth M. Borgese. Edited and annotated by Oswald Jonas. Chicago: University of Chicago Press, 1954.］

—. [1921-24] 1990. *Der Tonwille: Flugblätter zum Zeugnis unwandelbarer Gesetze der Tonkunst einer neuen Jugend dargebracht von Heinrich Schenker*. Nachdruck. Hildesheim: Georg Olms Verlag. ［英訳：*Der Tonwille: Pamphlets in Witness of the Immutable Laws of Music*. Vol. 1; *Der Tonwille: Pamphlets/Quarterly Publication in Witness of the Immutable Laws of Music*.

Vol. 2. Edited by William Drabkin. Translated by Ian Bent et al. Oxford: Oxford University Press, 2004-5.］

2. 二次文献

Cadwallader, A., Gagné, D. 2011. *Analysis of Tonal Music: A Schenkerian Approach*. 3rd edition. New York: Oxford University Press.［日本語訳：『調性音楽のシェンカー分析』角倉一朗訳、東京：音楽之友社、2013年］

Clark, Suzannah. 1999. "Schenker's Mysterious Five," *19th–Century Music* 23, no. 1, 84-102.

西田紘子 2011「ベートーヴェン《第9》解釈の系譜──ハインリヒ・シェンカーの音楽物語を中心に」『芸術工学研究』第15巻、1〜14頁。

── 2018『ハインリヒ・シェンカーの音楽思想──楽曲分析を超えて』福岡：九州大学出版会。

コーヒーブレイク Vol. 3
―― ところ変われば和声理論も変わる？――

Q. 19世紀のフランスとドイツの音楽はかなり違うけど、和声理論にかんしてはどうだったの？

H.（編者） 19世紀後半には、フランスとプロイセン（北ドイツ）との間に普仏戦争（1870〜71）が起こり、領土も固定されていませんでした。フランスにかんしては、とくに19世紀後半になるにつれ、帝国主義と呼ばれる領土拡張政策が展開されていき、ヨーロッパ以外の土地にも進出していきます。第3章に登場したフェティスの調性論は、ヨーロッパ以外の地域にも目配りした議論を展開しています。西洋の音楽理論としてだけでなく、各民族の音楽を対象とする民族音楽学のはしりのような側面もみられるのです。

そのような状況のなか、第5章に書かれているとおり、19世紀後半以降のフランスの和声理論には、ドイツ人であるフーゴー・リーマンの存在が大きな影響を及ぼします。リーマンの著作がフランス語や英語に翻訳され、彼に対して国内外を問わず数々の批判が向けられたことからも、その影響力を感じとることができます。

ところで、国の間で戦争や政治対立が生じると「ナショナリズム」と呼ばれる傾向が強まります。和声理論も例外ではなく、自分の国や民族の和声とは何かに関心が集まりました。第5章を読むと、フランスでは「フランス的和声」をめぐる議論が活発化してゆくさまを知ることができます。第6章に登場するシェンカーは、ウィーンに住むユダヤ人でしたが、彼が対象とした音楽作品は、つねに「ドイツ（語圏）」のものでした。

このように、国が変われば和声理論の内容も変わります。しかし、実際のところ「フランス的和声」にはドイツ人リーマンの理論をめぐる議論が色濃く反映されているわけですから、「敵対しているようでじつは影響し合っている」関係と言えるでしょう。

さらに第8章では、アメリカにおけるポスト調性音楽の理論がとり上げられますが、彼らが対象とする音楽作品の多くが自国の音楽ではなくヨーロッパの音楽である点には、その時代のアメリカらしさが感じられます。これもまた、和声理論の背景に「時代・地域特有の思考」が垣間見える例のひとつでしょう。

第 7 章

音楽は進歩する
―不協和音の解放―

はじめに

　この章では、「不協和音の解放」と言われる概念について考えてみます。不協和音とは、協和していない和音のことですが、不協和音の定義や、楽曲で使われる不協和音の数や種類は、時代によって異なります。たとえば伝統的な和声理論では、ハ長調において七の和音（たとえばソシレファ）、九の和音（ソシレファラ）、十一の和音（ソシレファラド）といった、長・短三和音（たとえばドミソやラドミ）以外の和音が不協和音と呼ばれます。それらを用いる場合、不協和音は協和音へと解決しなければならないとされてきました。たとえばソシレファという七の和音は、ドミソという三和音へと解決します。

　不協和音は協和音に向かうというこのルールは、「和音が別の和音に向かう方向性をもつ」という考え方と結びついています。しかし、リヒャルト・ヴァーグナーら後期ロマン主義に分類される作曲家が台頭する19世紀後半になると、協和音へと解決しないまま、不協和音がそれ自体独立して用いられるケースが増えました。たとえば、ヴァーグナーの楽劇《トリスタンとイゾルデ》前奏曲の冒頭を見てみましょう。

譜例1　楽劇《トリスタンとイゾルデ》前奏曲冒頭
　　　（解決しない不協和音）

2小節目に現れるファシレ♯ソ♯という不協和音の種類や機能については これまでさまざまな解釈がなされており、第5章におけるダンディのように誰もが明確な解釈を見出しているわけではありません。また、次の小節のミソ♯レシはイ長調の属七の和音と考えられますが、三和音に解決することなく次のフレーズが始まります。このようにして、和声理論（や和声法）と実際の作曲実践との隔たりが大きくなると、伝統的な考え方に代わる新たな和声理論が必要となってきます。

　もうひとつ、不協和音と関連して「非和声音」と呼ばれる音があります。非和声音は、そのとき鳴っている和音の構成音以外の音を指します。非和声音のうち「経過音」については、第6章の第2節で説明しました。同じ譜例になりますが、経過音の例としてヨハン・ブルクミュラー作曲《25の練習曲》の第1曲〈すなおな心〉を再掲します。

譜例2　〈すなおな心〉冒頭（経過音）

　1小節目のドミソや2小節目のファラドの各音の間を一方向（上方向もしくは下方向）に順次進行するレやソが「経過音」と呼ばれ、いずれにせよ、不協和音と同じく、基本的には協和音（和音の構成音）へと進行する必要があります。このような非和声音は、伝統的な和声理論では、ひとつの和音が鳴り響くなかで偶然に生じた旋律的逸脱ととらえられてきました。つまり、旋律が偶発的に和音以外の音に逸脱してしまった現象であり、和音そのものが変化したわけではない、ということです。この考えによれば、非和声音によって生じる不協和はあくまで一時的なものであり、そのつど新たな和音が交替しているわけではないということになります。

　さて、以上のような考え方に異を唱えた人がいます。ウィーンの作曲家アルノルト・シェーンベルク（1874〜1951）です。第1節では、彼の主張した新説を読み解いていきましょう。その説は、和音だけでなく調性に

対する考え方も大きく変えました。この点は、第2節で詳しくみていきます。最後の第3節では、シェーンベルクの和声理論の新しさを生み出す基盤となった価値観を理解したいと思います。

1.「和音」なのか「非和声音」なのか——和声の美醜は、考慮しない

　結論から言うと、シェーンベルクは、非和声音の存在そのものを否定しました。その根拠を、彼が『和声論』（初版は1911年)[1] で示した以下のような譜例を出発点に辿っていきましょう。

　譜例3　シェーンベルク『和声論』の譜例（Schönberg 1922, 389, Fig.231）

　譜例3のa）では、小節全体を通してドミソの和音が鳴り響いており、そのなかでハ長調の音階（ドレミファソラシド）が反進行[2] しています。これを和声的に解釈すると、どうなるのでしょうか。シェーンベルクによれば、1つ目の解釈であるb）は、とくに耳に聴こえてくる音を書き出したものです。2つ目の解釈c）は、ドミソの三和音上に、2声部間で3度

1）本章では1922年に出版された第3版を用いる。
2）上下反対方向に進むこと。

ずつ反進行する音があると大胆に仮定し、生じる不協和音をそのつど書き記したものです。どちらにしても、ここには8つの和音が存在すると解釈していることになります。その理由をシェーンベルクは、以下のように述べています。

> 私は、これらが和音であると主張する。「和声体系」においては和音とみなされなくても、「音楽」では和音なのだ。しかし、こう反駁する者もいるだろう。「たしかに。でも、これらの和音は、たんに経過音として生じているのだ」、と。これにはこう答えよう。「七の和音も九の和音も、体系に受容される前は、経過音として生じたのだ」。「七の和音も九の和音も、これらの和音のように耳障りな不協和音ではなかった」と人は言うだろう。こう問おう。「どうしてそれが分かるのか」。(*Ibid.*, 390)

このように、和声理論において以前は和音の構成音とみなされなかった非和声音であっても、時代を経るにつれ、和音の構成音として分類されるようになるのだから、その境界はあくまで相対的なものだというのが、彼の主張です。

しかし、現在でも、和音が8つ並んでいるととらえるのではなく、ドミソ（ハ長調の主和音）だけがあってそれ以外は偶発的に生じた「非和声音」である、と（前章のシェンカーのように）とらえる方もいるのではないでしょうか。つまり、ドミソ以外の響きは、正式な和音ではなく、非和声音である、と。

さて、譜例3のa）では和音が8つ並んでいるのか、それとも和音は1つしかなく、それ以外は非和声音なのか——どちらの解釈をとるかは、和声と旋律のとらえ方の決定的な違いに行きつきます。シェーンベルクがなぜ前者のようにとらえたかといえば、この作曲家は、「少なくとも3つ以上の異なった音が響く」(*Ibid.*, 375) という条件を満たせば、それらをすべて和音とみなしたためです。一方、後者の「非和声音」とは、協和音への解決を必要とする非和声音のことでした。この場合、ドミソ以外の和音は、すべて非和声音とみなされます。

ここで厄介なのは、和音とみなすか非和声音とみなすかは、一義的には

決められない点です。たとえば、ハ長調の属七の和音ソシレファを例に考えてみましょう。ソシレファを七の和音とみなすこともできますが、ソシレという三和音に、非和声音ファがくっついていると考えることもできます。さらに、先述のように、19世紀後半以降の音楽をみてみれば、このソシレファは、必ず主和音に解決しているわけではなく、独立した和音としても用いられています。言い換えれば、このような不協和な音群は、和声理論に和音として受け入れられる前は、非和声音や、協和音への解決を前提とする不協和音として分類されてきましたが、時代を経るにつれ、人々の耳が慣れてくると、解決を必要としない和音として分類されるようになるというわけです。

　このように、和音の分類とは相対的なものであるという視点から、シェーンベルクは、非和声音の存在をそもそも否定することで、協和音と不協和音を、理論上は同等のものとして扱いました。それにより、不協和音や非和声音は、協和音への解決を必要としなくなり、これまでの和声理論において当然のように想定されてきた、「和音は（不協和音から協和音へ向かう）方向性をもつ」という考え方それ自体が消滅します。

　この主張は「不協和音の解放」と呼ばれるようになり（シェーンベルク自身は、1926年に初めてこの言い回しを使っています）、和声理論の基盤を根本から崩してしまいました。偶然に生じた旋律の逸脱でさえ、和音が変化したものとしてみなされるからです。それにより、1曲に存在する和音の数は、大きく増えることになります。たとえば譜例3のa）でも、ドミソだけが存在するととらえるなら和音は1つとなりますが、シェーンベルクのようにとらえるなら和音は8つ並んでいることになり、その数は一気に8倍となります。

　こうした説を唱えることができたのも、シェーンベルクの立場が、新たな和声理論を構築することではなく、作曲家の実践的な視点で和声現象を考えることにあったからでしょう。だからこそ、伝統的な和声理論を理論家として継承するよりも、伝統をある程度無視して、自らの作曲実践に即したやり方で和音を定義することができたのです。

　もうひとつ、「不協和音の解放」という考え方の重要な特徴として、和声の「美醜（耳障りな度合い）」を考慮しないという姿勢も重要です。以

下の発言を読んでみましょう。

> 〔ヨハン・ゼバスティアン・〕バッハやモーツァルトは、不協和音を必要としていたようだ。美学者の気に入らないものでも、醜いとされるものでも、ただ書く必要があったのだ。そうでなければ、不協和音が歴史を通してくり返しみられることもないだろう。ただし、不協和音が本当に美しくないとしても、誰がそれを決めるのか。美学者か芸術家か。歴史をみれば疑いようがない。つねに正しいのは、創造者なのだ。たとえ美しくないとしても。(*Ibid.*, 393)

美しくない和音であっても作曲実践では用いることができる——ここには、音楽の役割とは必ずしも聴き手に心地よさをもたらすことではない、という独自の考え方が見え隠れしています。

2. ひとつの楽曲にはひとつの調性しかない——無調という語の否定

　一般にシェーンベルクは、「無調の」音楽、つまり調性に基づかない音楽をおし進めた作曲家として知られています。音楽史の本を読むと、たいていは「シェーンベルク、アルバン・ベルク、アントン・ヴェーベルンら新ウィーン楽派と呼ばれる作曲家たちが、1900年代後半から本格的な無調の音楽を書き始めた」と書かれています。そして、無調音楽の代表作に挙げられるのが、セリフを読み上げるように歌うシュプレッヒゲザングという歌唱法が用いられる、シェーンベルクの歌曲集《月に憑かれたピエロ》(1912年作曲) です。例として、その第1曲〈月に酔う〉冒頭を挙げておきます（譜例4。音符の符尾に×を加えた独特の記譜法がシュプレッヒゲザングです）。調性感を意図的に排した響きを聴くことができます。

　しかし、意外なことにシェーンベルク自身は、『和声論』第3版 (1922) で「無調の」という語そのものを否定しています (*Ibid.*, 487-88)。理由は、この語が音の特性とまったく両立しないためです。というのも、シェーンベルクの考えによれば、ある音列（音の連なり）から生じるものはすべて「調性 tonality」を形づくります（「音の性質 ton-al-ity」という

譜例 4 《月に憑かれたピエロ》第 1 曲〈月に酔う〉冒頭

語義からすると、たしかに彼の言うとおりです)。この考え方からすると、調性の反意語である「無調性 atonality」という語は、音の連なり自体を否定してしまうため、音楽用語としてそもそも存在しえないというわけです。

　もっと正確に言いましょう。シェーンベルクによるこの定義は、「広義

の」調性を指しています。じつは彼は、別の箇所で「狭義の」調性を次のように定義しています。

> この調性は、調〔key〕としての調性とある程度は一致する[3]。調性が、たんに音どうしの関係ではなく、すべての音が基音、とくに音階の基音に関連するという独特な状態を指す限りは[4]。その場合の調性とは、つねに、ある特定の音階という意味で理解される。(Stein 1975, 270)

この狭義の定義は、私たちが従来理解してきたような、特定の時代に生じた、調に基づく西洋調性音楽を説明したものと言えます。

この事例から分かるように、「調性」という語は、さまざまに定義されてきました。シェーンベルクの「広義の」調性は、地域や時代を問わない広義の枠組みを指しています。一方で「狭義の」調性は、その成立と崩壊、また内容にかんしてさまざまな議論を巻き起こしてきた複雑な概念です。たとえばシェーンベルクは、著作や手紙のなかで、調性という概念をめぐって、第6章でとり上げたシェンカーと論争しています。調性をどうとらえるかにかんする発言を読むと、音楽そのものだけでなく、調性以前・以後の音楽を含む「音楽の歴史」に対するその人の見方を知ることができるでしょう。シェーンベルクとシェンカーの場合であれば、シェンカーが調性による音楽のみ（およそJ. S. バッハからブラームスまでの時代の音楽）を不動の価値をもつ音楽であるとみなしたのに対し、シェーンベルクは、（狭義の）調性を、自然と人間との一時的な歩み寄りから生じた手段ととらえ、人間はつねによりよい手段を開発していくものなのだという進歩史観をもっていました。このように、同じ時代・土地に生きている人間であっても、歴史に対する考え方はじつにさまざまであることが分かります。

話を戻しましょう。シェーンベルクが「無調」という語を否定した背景には、彼が自身の作曲上の試みを、調性音楽が発展していくなかで必然的

3）「調 key」と「調性 tonality」は、一般に区別される。前者はハ長調などの個々の調を指し、後者はそれらを包含する上位概念である。
4）「音階の基音」とは各調の主音を指す。たとえばハ長調の基音はドである。

に生じた結果として位置づけていたという点が挙げられます。つまり、革新的とされるこの作曲家の試みは、調性音楽の延長線上に位置づけるべきものなのです。この点からすると、無調という、これまでの伝統を否定するかのような新しい用語で評価されることは、作曲者自身の意には沿わないものだったのでしょう。

さらにもうひとつ、シェーンベルクによる調性概念には特筆すべき点があります。それは、彼が（狭義の）調性を、「単一調性 monotonality」とほぼ同義と考えていたことです。単一調性とは何でしょうか。アメリカ移住後に書かれた『和声の構造的諸機能』（1954）[5]におけるシェーンベルクの説明を読んでみましょう。

> 主和音からどんなに逸脱しても、それはその調性内にあるものとみなされる。〔中略〕言い換えれば、ひとつの楽曲にはただひとつの調性しかない。それゆえ、以前はほかの調性とみなされていた部分もみな、ひとつの調域〔region〕、つまりその調性内での和声的コントラストにすぎないのである。(Schoenberg 1969, 19)

ここでシェーンベルクが言いたいのは、「ある楽曲はひとつの調性で統一されており、これまで転調とみなされてきた部分も、ひとつの大きな調性概念のなかで把握されるべきだ」ということです。「ひとつの楽曲にひとつの調性」というこの考え方によるとすれば、そもそも転調という現象についても考え直さなくてはならなくなります。たとえばハ長調のソナタ形式の曲[6]であれば、まもなく属調（主調の5度上の調）であるト長調に転調します。このト長調は、曲の中心となるひとつの調性、つまり主調であるハ長調のなかで一時的に生じる調域ということになります。言い換えれば、ハ長調とト長調の関係は、互いに自立した、同じ比重をもつ関係にはありません。あくまでト長調は、ハ長調の楽曲におけるト長調とし

---

[5] 本章では1969年に出版された改訂版を用いる。
[6] ソナタ形式とは、提示部－展開部－再現部からなる形式のこと。主に18世紀後半から20世紀前半までのピアノ曲や管弦楽作品に用いられた代表的な形式で、提示部では通常、転調が生じる。

て、主調との関係性のなかで理解されるのです。

とはいえ、調域や単一調性という考え方では理解しにくい音楽も存在します。たとえばポピュラー音楽のジャンルでは、セクションごとに異なる調が用いられている楽曲が多くみられます。英米のロックにおける代表的な形式であるヴァース・コーラス形式[7]では、多くの場合、ヴァース部分とコーラス部分で調ががらっと変わります。たとえばビートルズの楽曲《グッド・デイ・サンシャイン》(1966) では、表1のように、コーラス部分がロ長調、ヴァース部分はイ長調、さらに部分どうしをつなぐブリッジ部分はニ長調、コーダはハ長調で書かれています。そのため、どの調が中心なのかを決めることは困難です (Capuzzo 2009, 158)。

表1　ビートルズ《グッド・デイ・サンシャイン》の調関係図
　　　(*Ibid.*)[8]

セクション	コーラス	ヴァース	ブリッジ	コーダ
調	ロ長調	イ長調	ニ長調	ハ長調

1曲中に用いられる調どうしの関係も曲によってさまざまであることから、むしろ主調を決めること自体が意味をなさない音楽と言ったほうがよいでしょう。

では逆に、シェーンベルクにはどうして「ひとつの曲にひとつの調性」という単一調性の考え方が必要だったのでしょうか。この考え方の背景には、ひとつひとつの楽曲を「有機体」のようにとらえるという傾向があります。有機体とは、各部分が無関係に集まって構成されるのではなく、各部分が互いに密に関連し、全体と部分とが必然的な連関を有するような存在を指します。つまり、調で言えば、ひとつの曲に登場する調が互いに無関係であってはならず、楽曲全体をまとめる主調や主音と関係づけられていなくてはならないのです。この意味で単一調性とは、半音階やさまざまな和音進行のすべてを含む和声現象を、統一的に把握するための総合概念

---

7) コーラスがサビにあたり、ヴァースは、コーラスにいたるまでの部分を指す。
8) G. カプッツォによる図式を簡略化した。

であったと言えます。このような考え方は、シェーンベルクと同時代に生きた多くの音楽家に共有されていました。先に触れたシェンカーにとっても、ひとつの調に基づいた単一の和声進行を、楽曲全体の統一性を保証する概念とみなす点では、シェーンベルクと同じ価値観を示しているのです[9]。

3. 音楽も和声理論も進歩する──倍音列をどう用いるか

　第6章まで、近代の音楽理論家や作曲家たちが自然倍音列という現象をいかに重要視してきたかをみてきました。本章の主役であるシェーンベルクも例外ではありません。前節で読んだように、シェーンベルクは、2つの意味で調性を定義していました。ひとつは、音どうしの関係という意味における広義の調性であり、もうひとつは、調の主和音や主音に関連づけられるという意味における狭義の調性でした。このような二重性から分かるのは、シェーンベルクが、音楽にかんする広義の枠組みを設ける一方で、音楽の原理というのは時代とともに変わっていく芸術的手段であると考えていたことです。このような相対主義的な考え方は、倍音列への姿勢にも表れています。

　理論家というより実践家であったシェーンベルクには、普遍的で体系的な理論を構築しようという意欲がそもそもあまりありませんでした。それにもかかわらず、シェーンベルクは『和声論』という理論書を書き残しています。これは一見矛盾するように思われるのですが、『和声論』を書いた目的について、彼は、次のように述べています。

　　音にかんする理論や和声にかんする理論を授けることを意図しているわけではない。また、そのような能力や知識も私はもちあわせていない。すぐ

---

[9] 主音とそれ以外の音との関係から楽曲を理解する同様の試みとして、シェーンベルクと親交のあったルドルフ・レティ（1885〜1957）の"tonicality"という概念も挙げられる（Réti 1958）。レティは、"tonicality"の短縮形が"tonality"（調性）であると主張したうえで、楽曲を、調的中心である根音（つまり主音や主和音）から生じ、それに関連した状態にあるものと定義した（*Ibid.*, 7）。

に実践できるような、音楽における和声の芸術的手段を叙述しようとしているだけなのだ。(Schönberg 1922, 15)

ここから分かるように、理論書を執筆した彼の意図は、シェンカーなどの理論家とは異なり、システマティックな理論を打ち立てることにはありませんでした。むしろ作曲実践に活かすことを理論の主要目的としていたゆえに、倍音列に基づく理論も、反論不可能な理論ではなく、いずれくつがえされる可能性をもつものととらえられています。

倍音列理論が誤っているにしても、和声の問題を意義深く解釈し、見通しよく叙述できたならば、その目的は達成されるだろう。たとえ、のちに倍音列理論と〔それに基づく和声の〕解釈がともに誤りであることが判明したとしても（絶対にそうなるというわけではないが）。これまでのところ、私の知る限り、明白に反駁されたことはまだないので、私は安心して解釈と叙述を試みることができる。(*Ibid.*, 17)

なぜ、倍音列に基づく理論が誤りである可能性がほのめかされているのでしょうか。誤りである可能性とは、自然倍音列から音階や和音を説明しようとする試みそのものに向けられた言葉と考えられます。具体的には、自然倍音列には耳が不協和と感じる倍音が含まれることや、自然倍音列を和声理論にもちこむことが唯一絶対のやり方ではないということ（つまり、ほかの説明もありうるということ）を指しているのでしょう。へりくつに思われるかもしれない一節ですが、ここにもシェーンベルク特有の進歩史観や相対主義の姿勢を確認することができます。

以上のような前提を踏まえたうえで、シェーンベルクは、音階を説明するために倍音列を用いています。そのさいの特徴は、倍音列と音の「引力」とを結びつけたことです。ドを基音とする倍音列を基にしたシェーンベルクの説明を辿ってみます[10]。

1) 楽音は、いくつかの音がともに鳴り響く、つまり倍音から構成される

---

10) 自然倍音列については、序章の10頁を参照。ここでのドは一番左側の最低音を指す。

合成音である。
2) 倍音列のうちもっとも強いのは、ドである。もっとも数多く、しかも基音としても実際に鳴り響くからである。
3) 次に強い音は、ソである。基音の次に登場し、ほかの音よりも数多く鳴り響くからである。ソが実際にも鳴るとしたら、この音自体も倍音をもつ。このソおよびその倍音は、ド（基音）を前提にしている。

この3つの段階を通してシェーンベルクは、次の3点を導き出します。

1. 実際に鳴り響くソは、5度下のドに依存している。
2. 同様にドは、5度下のファに依存する。
3. ここでドを中間地点とすると、ファによって下に引かれる力と、ソによって上に引かれる力の2つの力が生じる。

この引力を図で表したのが、図1です[11]。

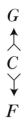

図1　ド（C）に対するソ（G）とファ（F）音の関係（*Ibid.*, 21）

密接に関連し合うこれらの3音を実際に鳴らしてみると、次のような倍音列が並び、これらの倍音を合わせると、一番下の段に音階の7つの音（f・c・g・a・d・e・h つまりファ・ド・ソ・ラ・レ・ミ・シ）が現れます。

---

11) 図1と図2はドイツ語音名による。

	基音	倍音					
	F	f	c	f	a		
	C		c	g	c	e	
	G			g	d	g	h
		f	c	g a	d	e	h

図2　3音の倍音から導き出されるハ長調の音階（*Ibid.*, 21）

　こうしてシェーンベルクは、シェンカーのように5度関係から音階を説明するのではなく、ド・ソ・ファの引力関係を説明の論拠として用いました。上下に引っ張られるこの引力関係は、基音を中心とする対称性を前提にしたものです。言い換えれば、主音というひとつの中心点を置くという考え方を、シェーンベルクは倍音列にも適用したというわけです。

　なお、基音を中心とする鏡像関係（ドを中心にした上下の音程関係がぴったり重なる関係）を用いることは、もちろんシェーンベルクだけに特有のものではなく、リーマンやシェンカーでも試みられていました。ただし、シェーンベルクの場合、リーマンらが長調と短調の対称性を主張することを意図したのとは異なり、むしろ「基音（主音）の中心性」を強調するためのものであったと考えられます。それほどまでに、半音階や不協和音が濫用される19世紀後半から20世紀前半にあって、多種多様な現象をひとつの中心点と関連づけることが、ますます喫緊の要請となっていたのかもしれません。

　ちなみに彼は、無調や12音技法による楽曲（後述）において、特定の音をくり返すのを意図的に避けています。逆説的ながらこれは、ある音が楽曲の中心であるかのように聴こえるのを防ぐための工夫でした。教育のために書かれた和声理論では、ひとつの音の中心性を大前提にしていたのに対して、皮肉にも自身の作曲実践では、すべての音が主音や主調と関係づけられる状態を否定することで調的和声を乗り越えようとしていたのです。

おわりに——新たな方法へ

　前節の最後で、シェーンベルクは調的和声という概念を乗り越えようと

した、と書きました。では、調的和声に代わって彼が提示した概念や技法とは、どのようなものだったのでしょうか。それに対しては、1920年代以降に本格的に取り組まれた「12音技法」であり、その基盤となった「発展的変奏 developing variation」という技法であったと答えることができるでしょう。和声理論という本書のテーマからは少し逸れますが、この2つの関係を確認して、本章を閉じたいと思います。

　まず、「発展的変奏」という概念を理解するためには、旋律の「反復」と「変奏」の関係を考えてみなくてはなりません。シェーンベルクは、「新しい旋律はなぜ理解しにくいのか」という論考（1913）のなかで「あらゆる旋律は、多かれ少なかれ変奏された基本動機を反復することで生じる」と、旋律を定義しています（ここで「動機」は旋律の最小単位を指しています）。つまり、基本動機は反復されるが、そのさいに多かれ少なかれ変奏されるというわけです（この「多かれ少なかれ」という言い回しが重要です）。同じように、1967年に編纂された『作曲の基礎技法』には、反復と変奏の関係をめぐる次のような一節を読むことができます。

> ひとつの動機は、ひとつの楽曲を通してたえず現れる。つまり**反復**される。反復だけでは**単調さ**が生じる。単調さは、**変奏**によってのみ克服されうる。(Schoenberg 1967, 8)

　動機を反復するだけでは単調になるため、変奏することでこれを防ぐというわけです。両者の関係は、さらに次の3段階に分類されます（*Ibid.*, 8-9）。

1）正確な反復
　動機が移調・反行[12]・逆行・縮小・拡大されても、音程関係やリズムなどのすべての特徴が保たれる場合。
2）変化を伴う反復

12）音程関係を上下に反転させること。たとえば2音間の関係が半音上行する音程であった場合、半音下行する音程へと反転させることを反行という。

一時的な変形など、変奏によって変化や新しい素材が生み出される場合。

3）発展的変奏[13]

　基本動機の変奏により生じるさまざまな動機形態が連続し、そのさまが発展や成長になぞらえられる場合。

　シェーンベルクは、3つ目の「発展的変奏」をもっとも高度な技法とみなし、自身はブラームスからこの技法を受け継いだと主張しました。さらに「国の音楽」という論考（1931）では、この技法を始めたのはJ. S. バッハであるとも述べています。そのうえで彼は、バッハ以後の時代と自身の時代が類似していると指摘するのです。

　　対位法芸術が頂点をむかえたバッハにおいて、まったく新しいもの——動機の変奏による発展の技法——が同時に始まり、和声的関係に基づく芸術が頂点をむかえた私たちの時代において、「相互にのみ関係した12音」によって作曲する技法が始まるとすれば、両者の時代はとても類似していることが分かる。（Stein 1975, 171）

　こうしてシェーンベルクは、自身が中心となって取り組んだ12音技法を、J. S. バッハが始めた発展的変奏という技法になぞらえることで、12音技法の存在意義を歴史的に正当化しようとしました。

　どうして、発展的変奏と12音技法は類似していると言えるのでしょうか。12音技法とは、1オクターヴ内の12の音をひとつずつ並べた基本音列をもとに、音程関係を保持したまま全体の高さを変えた「移高」、音程関係を上下に鏡写しのように反転させた「反行形」、基本音列を最後の音から最初の音へと逆方向から並べる「逆行形」、反行形と逆行形を組み合わせた「反行逆行形」を用いて作曲する方法です。例として、12音技法による初の本格的な作品として1920年代前半に作曲された《ピアノ組曲》の基本音列とその反行形・逆行形・反行逆行形を見てみましょう。

---

[13] シェーンベルクは、1950年のエッセイ「バッハ」のなかでこの概念をより明確に説明している（Stein 1975, 397）。

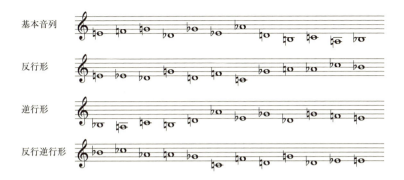

譜例5　シェーンベルク《ピアノ組曲》作品25の音列

このように並べてみると、ひとつの動機（基本音列）に対して、反行形・逆行形・反行逆行形がすでに一種の変奏となっており、また、1曲を通して基本音列が変奏されてゆくという意味で、12音技法は発展的変奏を基盤にした方法であることが分かるでしょう。分かりやすい例として《ピアノ組曲》の第5曲〈メヌエット〉中のトリオ部分を挙げます。

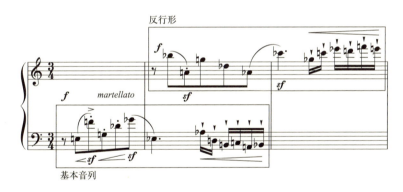

譜例6　〈メヌエット〉中のトリオ冒頭

　下の段に書かれている12音が基本音列、1小節遅れて始まる上の段の12音が、基本音列とは別の音シ♭を開始音とする反行形です。
　これをもって私たちは、調的和声理論に代わって音どうしを関係づけ、秩序づける新たな方法が提示されていることを確認しました。この12音技法は無調音楽以後の代表的なシステムですが、最終章となる次章ではこ

の無調音楽以後、すなわちポスト調性音楽における和声(ハーモニー)に焦点をあてることにしましょう。

引用文献

Capuzzo, Guy. 2009. "Sectional Tonality and Sectional Centricity in Rock Music," *Music Theory Spectrum* 31, 157-74.

Réti, Rudolph. 1958. *Tonality – Atonality – Pantonality: A Study of Some Trends in Twentieth Century Music*. London: Rockliff.

Schönberg, Arnold. 1913. "Warum neue Melodien schwer verständlich sind," *Konzertwoche*［演奏会プログラム冊子の附録］.

―. [1911] 1922. *Harmonielehre*. 3te Auflage. Leipzig und Wien: Universal Edition. ［英訳：*Theory of Harmony*. Translated by Roy E. Carter. Berkeley and Los Angeles: University of California Press, 1978；日本語訳：『和声学第1巻』山根銀二訳、東京：「読者の為の翻訳」社、1929年］

Schoenberg, Arnold. 1967. *Fundamentals of Musical Composition*. Edited by Gerald Strang. London: Faber & Faber. ［日本語訳：『作曲の基礎技法』山縣茂太郎・鴫原真一訳、東京：音楽之友社、1971年］

―. [1954] 1969. *Structural Functions of Harmony*. Revised edition by Leonard Stein. New York: W.W. Norton. ［日本語訳：『和声の構造的諸機能』上田昭訳、東京：音楽之友社、1982年］

Stein, Leonard, ed. 1975. *Style and Idea: Selected Writings of Arnold Schoenberg*. Translated by Leo Black. Berkeley and New York: University of California Press.

第 8 章

音を秩序づける
──ポスト調性時代のハーモニー──

はじめに

　最終章では機能和声が崩壊したあとの、機能和声に代わる秩序をみつけようとする試みを扱います。20世紀前半には12音技法というシステマティックな方法による楽曲が完成し、さらに戦後には第7章最後で述べた12音技法の考え方を音高以外の要素にも適用したトータル・セリエリズム、電子的な技術をとり入れた電子音楽、録音技術によるミュジック・コンクレート、意思に基づかないランダムな現象をとり入れる偶然性の音楽、狭い音程関係の音を密集させて塊のように同時に鳴らすトーン・クラスター、といった前衛的な作曲法が次々と生まれます。

　音楽の多様化が極端に進んだ20世紀は「無法時代」にみえるかもしれません。実際、20世紀の芸術音楽の多くはあまりに前衛的で理解不能ととらえられがちです。しかし、一見ランダムで何の統一感も存在しないようにみえる音楽にも音のまとまりは存在します。そこには調性音楽とは異なる膨大な種類の「ハーモニー」が存在するのです。調的和声にしたがわない音楽を分析するために20世紀に登場した理論全般を「ポスト調性理論」といいます。本章では無調音楽[1]以後の音楽のなかに機能和声に代わる秩序を見出そうとしたポスト調性理論のいくつかをとり上げます。なぜなら無調は20世紀芸術音楽を象徴するキーワードでありながら、その「ハーモニー」はいまだに部分的にしか解明されていない、音楽史上最大の謎のひとつだからです。

　興味深いことに、第7章までに扱ってきた音楽理論のすべてがヨーロッ

---

[1] 無調音楽とは、一般的には、17世紀から19世紀の西洋クラシック音楽に特徴的な機能和声にしたがわない、調的中心あるいは調性を欠いた音楽を指す。

パで登場したのに対して、ポスト調性理論の多くは戦後の北米で生み出されました。しかも、そうしたポスト調性理論の多くは、数学的・客観的な視点でつくられました。20世紀に数学的な音楽理論を目指す傾向が北米で台頭した理由にも迫りたいと思います。第1節では、ポスト調性理論が生まれた背景を説明します。第2節は、音楽に数学的な秩序を見出そうとしたミルトン・バビット（1916〜2011）を、第3節は音のまとまりどうしの関係により無調音楽の構造を明らかにしようとしたアレン・フォート（1926〜2014）をとり上げ、それぞれの理論家の意図を読み解きます。第4節では、ポスト調性理論によって明らかになったポスト調性音楽の「ハーモニー」を紹介します。第5節では、ヨーロッパとは異なる北米の音楽分析の傾向を説明します。最後に、ポスト調性理論を支えた背景について考えます。

1. ポスト調性理論誕生の背景とアメリカの特殊性

　ポスト調性理論の多くは戦後の北米で生み出されました。なかでもアメリカの作曲家ミルトン・バビットや音楽理論家アレン・フォートらが1950年代から70年代に体系化したピッチクラス・セット理論は、ポスト調性音楽のハーモニーを解明するために数学的な方法を用いて音楽理論を体系化しようとした点で、それまでのヨーロッパで生み出された音楽理論とは異なっています。また、アメリカの音楽理論家デイヴィッド・ルーウィンらが1980年代に生み出した「変形理論」も、和音の変形を数学の群論を用いてモデル化しようと試みたポスト調性理論です[2]。具体的な音楽理論の説明の前に、まずこうした数学的なアイディアに基づく音楽理論が北米で生み出された背景をみていきましょう[3]。

　第一に、戦後には作曲技法としての音列技法が独特の発展を遂げたとい

2）「変形理論 Transformational Theory」について詳しく知りたい場合は、Lewin（1987）を参照されたい。なお、変形理論から派生した理論に、第4章でも触れたネオ・リーマン理論がある。

3）本節で紹介する第一から第三の背景は、フォートの『無調音楽の構造』（フォート2012）の「訳者あとがき」において森が挙げているピッチクラス・セット理論成立の条件と、Schuijer（2008）の研究の一部に依拠している。

う背景があります。戦後のヨーロッパではピエール・ブーレーズ、カールハインツ・シュトックハウゼンらがトータル・セリエリズムを、北米ではミルトン・バビット、エリオット・カーター、ジョージ・パールらが独自の音列技法を展開しました。トータル・セリエリズムとは、シェーンベルクが完成させた音列技法を、音高のみならず、音の長さ、強弱、音色などさまざまな要素に用いる作曲技法です。アメリカの作曲家たちもさまざまな音列技法を考案しましたが、なかでもバビットはシェーンベルクの12音技法を深く研究し、拡張した点で評価されています。バビットは、12音からなる音列のなかにある3音、4音、6音といったそれより小さい単位の複数のセットと、その複数のセットを変形したものを組み合わせて音楽を発展させるなど、組み合わせに注目した音列技法を展開しました。

音列技法への注目は、第二次世界大戦中にリヒャルト・ヴァーグナーのようなロマン主義の音楽がナチス政権によって用いられたことへの反動でもあります。ロマン主義の音楽は、人間の主観的な感情に深く結びついていますが、それに対して12音音楽の多くは数学的・客観的な側面をもちます。戦争中に使われた音楽とは異なる性格の音楽の作曲には、戦争そのものに対する反対の意思も込められていたと考えられます。

第二に、数学的な音楽理論が生まれた背景には、1960年代以降、計算機（コンピュータ）にアクセスしやすくなったという環境の変化があります。1964年から67年にはアメリカ中のあらゆる学問領域で、研究へのコンピュータの活用が議論されました。音楽の領域では、電子音楽、音楽分析、音楽教育、書誌学などへのコンピュータの活用が行われました。ポスト調性時代の音楽理論では、膨大な数に及ぶ和音の組み合わせを一挙に機械的に分析できることが理論の一般化と発展に結びつきました。

第三に、戦後のアメリカでは音楽理論が教育に積極的に導入されたことが挙げられます。バビットが生み出し、フォートらが展開したピッチクラス・セット理論は、それを学べばある程度誰もが使うことができるような体系的で客観的な音楽理論を目指して改良されました。客観性は不完全でしたが、ピッチクラス・セット理論に、その理論の使い手に平等な機会をもたらすという目的があったことは明らかです。一方、このアメリカ的な民主主義の教育理念はアルノルト・シェーンベルクやパウル・ヒンデミッ

トのような、ナチス政権の迫害を逃れてアメリカに亡命し、アメリカの大学で職を得た作曲者・教育者に戸惑いを与えました。なぜなら彼らは、ヨーロッパでは一握りのエリートたちに高度な知識を授けていたのに、アメリカでは大量の学生に教えることを求められたからです。20世紀音楽の研究者アラン・レッセムは、アメリカに逃れた亡命作曲家・教育者の戸惑いを次のように説明しています。

> 〔アメリカの民主主義の理想は、〕19世紀中産階級のヨーロッパの環境で「文化」の意味が含む、意義深い芸術的な成果というものは選ばれたほんの一握りの人に与えられるもので、その他の人々は彼らからありがたく副次的に利益を得るものだ、という考えと両立しえない。そして多くの亡命者たちは依然この考えに固執しているのだ。(Lessem 1988, 11)

　ポスト調性理論を生み出した音楽理論家のなかには積極的に音楽理論をアメリカの教育に導入しようとしたフォートらがおり、彼らの活動はポスト調性理論の発展に結びつきました。アメリカのように多様な価値観があふれる国では、ある程度人々が共有できる指針を提示する必要があります。音を数字に置き換えて数字の組み合わせで音楽を分析するピッチクラス・セット理論は、それを学べばある程度誰もが使うことができる、という大衆教育に必要な条件を満たしていました。

　こうしたさまざまな背景は、ピッチクラス・セット理論のような数学的な客観性を目指したポスト調性理論の誕生に影響を与えたと考えられます。このような背景のもとに生まれたポスト調性理論を代表するピッチクラス・セット理論がどのような音楽理論家により、何を目的につくられたのか、次の節でみていきましょう。

2. 音楽に数学的な秩序を見出す——バビットの12音技法

　ピッチクラス・セット理論はたくさんの理論家によって洗練されましたが、本章ではそのなかでも重要な2人の理論家、ミルトン・バビットとアレン・フォートをとり上げます。まず、アメリカの作曲家ミルトン・バ

ビットです。

　バビットは、1946年から60年代にかけて数学の集合論を応用し、12音音楽のなかのそれまで知られていなかった秩序をあらわにすることで、独自の12音技法を展開させました。バビットは自分の作曲技法を洗練させるためにピッチクラス・セット理論の原形を整えました。バビットの12音技法では、まずオクターヴを等価とみなし、異なる高さの音をピッチクラスに還元して整数を割り当てます。ピッチは周波数で示すことのできる絶対的な音の高さであるため、通常はあるドと1オクターヴ高いドは異なるドとして区別されます。それに対してピッチクラスとは、あらゆる高さのドをひとつのドという「クラス（種類）」とみなすことです。次に、1オクターヴのなかにある12個のピッチクラスに0から11の整数を割り当てます。すると、すべての音域のドは0というピッチクラスで表されます。同様に、すべての音域のド♯／レ♭は1、レは2、レ♯／ミ♭は3…ラ♯／シ♭は10、シは11で表されます。これは、のちにフォートが体系化するピッチクラス・セット理論における「ピッチクラス」という概念の起源です。

　次にバビットは数学の集合論を音楽に使って、音楽の構造に数学的な秩序を見出そうとしました。バビットは整数で表された複数のピッチクラスのまとまりである「セット」の特徴を研究することで、シェーンベルクの12音音列のなかに、じつは2組の6音のまとまり、3組の4音のまとまり、といった細かい単位のサブセットがあることに着目しました。そして、それぞれのサブセットが、「移高」[4]や「反行」といった12音技法の操作や、「補集合」[5]のような集合論の操作で関連づけられていると分析

---

4) 12音技法には、音列の音程の内容を保持したまま全体の高さを変える「移高 transposition」、基本の音列の第1音を軸にして反転する「反行 inversion」、基本の音列の終点から始める「逆行 retrograde」、反行形をさらに逆行させる「反行の逆行 retrograde-inversion」という変形の操作がある。なお、後述するフォートのピッチクラス・セット理論には「逆行」という操作が存在せず、12音技法における「反行」と「反行の逆行」の両方が「転回 inversion」というひとつの語で説明される。

5) ある集合をそれを含む全体集合から除いた残りの集合のこと。たとえば「ドレミファ♯ソ♯ラ♯」が12音全体のなかのサブセットだとすると、12音から「ドレミファ♯ソ♯ラ♯」を除いた残りの「ド♯レ♯ファソラシ」が「ドレミファ♯ソ♯ラ♯」の補集合となる。

しました。バビットによる12音技法の研究は、「無法時代」の音楽に秩序をみつける試みの第一歩でした。複雑な無調音楽を理解するために、オクターヴ等価や音の整数化といった音の簡略化から始まる、数学の高度な知識体系の応用が行われたのです。ただし、バビットは数学の集合論を応用し、数学的・科学的に正しい作曲技法・音楽理論を作り出すことを意図しましたが、ピッチクラス・セット理論はその後、分析理論として体系化された結果、集合論の一部の用語だけを用いるようになり、かつ、その用法も数学の集合論とは異なるものとなりました。

　なぜバビットは音楽に数学の集合論を応用したのでしょうか。彼が作曲家かつ数学の専門家であったことは理由のひとつでしょう。バビットは12音技法の研究により、それをさらに洗練された作曲法に昇華させようとしました。バビットは音楽に数学の「美しい」(単純で整然とした) 理論体系を見出すことを理想としたのです。バビットにとって理論とは、「公理、定義、定理が結びついた確固としたもので、その証明が適切な論理から導かれたもの」であるべきでした (Babbitt [1961a] 2003, 79)。バビットは、難解で複雑な問題を明快で単純な解に還元することに成功した数学の論理手法を、複雑な12音音楽に用いることを試みました。12音の音列に整数のラベルづけをすることに新規性はありません。バビットが行ったのはそれをさらに抽象化することです。数学の代数学では、1、2、3…といった数をxやyという抽象的な代数に置き換えます。それをさらに発展させた抽象代数という学問があり、バビットはそれを音楽に応用するのですが、その詳細は別の機会に譲ることにしましょう。ここでは、バビットの発想がいかに受け継がれていくかに視点を移したいと思います。

3. 音程に基づく秩序を音楽に見出す
——フォートのピッチクラス・セット理論

　バビットの分析技法は、さまざまな理論家の手により無調音楽の分析を行うピッチクラス・セット理論へと体系化されました[6]。ピッチクラス・セット理論の成立と発展にとりわけ大きく貢献したのはアレン・フォートです。フォートは1960年代からピッチクラス・セット理論に取り組み、

多くの作曲家や理論家たちのアイディアをとり込みながら、1973年に理論の概要を『無調音楽の構造』にまとめました。作曲家のバビットが自身の作曲の技法を洗練させるために12音技法を研究したのに対し、音楽理論家のフォートは、無調音楽の構造を明らかにするために、シェーンベルク、アルバン・ベルク、アントン・ヴェーベルンといった音楽史上、革新的な音楽を生み出した「新ウィーン楽派」の作曲家たちによる12音技法に基づかない無調音楽を研究しました。フォートは作曲の技法としてではなく、無調の「ハーモニー」を明らかにするために理論を展開させたのです。無調音楽では、調性音楽のようなハーモニーの性質や規則性は一見はっきりとしません。ピッチクラス・セット理論を本章でとり上げるのは、それがそれまでに明らかにされていなかった無調の「ハーモニー」を数学的に解明しよう、という画期的な方法だったからです。フォートはバビットの提唱した「数学的な厳密な定義から結論を導き出す」という理念を分析手法として完成させ、音のまとまりを「正規の順序」や「原型」という基本的なかたちに還元し、音のまとまりどうしの関係をみることで無調の「ハーモニー」を明らかにしていきました。

　それでは次に具体的にどのような方法を用いたのかをみていきます。ピッチクラス・セット理論の意義や成果は本節の最終段落で触れますので、以下のピッチクラス・セット理論にかんする説明を難しいと感じたら本節の最終段落まで読み飛ばしてもかまいません。

　はじめに、「正規の順序」や「原型」に還元するために必要な、「移置 transposition」[7]と「転回 inversion」[8]という操作を説明します。この2つの操作は12音技法でも用いられます。まず、調性音楽の和音を例に「移置」という操作をみていきましょう。ハ長調の主和音ドミソと変ロ長調の

---

6) 本章ではバビットとフォートのみを扱うが、ピッチクラス・セット理論の成立には作曲家・理論家のジョージ・パール (Perle 1962) やドナルド・マルティノ (Martino 1961)、理論家のデイヴィッド・ルーウィン (Lewin 1959 and 1960) らの研究が大きくかかわっている。
7) 12音技法において "transposition" は「移調」「移高」と訳される場合があるが、ピッチクラス・セット理論における "transposition" は調を移しているわけでも、高さに限るわけでもないので、本章では森（フォート 2012）の訳を採用し、「移置」を用いる。
8) 12音技法において "inversion" は「反行」と訳されるが、本章では森（フォート 2012）の訳を採用し、「転回」を用いる。

主和音シ♭レファは、ピッチクラスに書き換えると [0, 4, 7] と [10, 2, 5] です。このような複数のピッチクラスの集合を「ピッチクラス・セット」と呼びます[9]。図1における T_{10} は後述しますが、T は「移置」を表し、整数10は「移置」の指数を表します。この2つのピッチクラス・セットの関係を検証します。

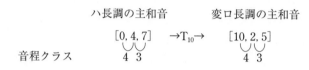

図1　移置により同等のピッチクラス・セット

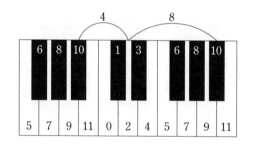

図2　ピッチクラス10と2の差

　図1のように、ピッチクラス・セット [0, 4, 7] のピッチクラス0と4の間のピッチクラスの差は4、ピッチクラス4と7の差は3です。ピッチクラス・セット [10, 2, 5] はどうでしょう。10と2の間の差は普通に考えると8ですが、図2のように、シ♭からレへの距離は4と数えるほうが自然です[10]。ピッチクラス2と5の間の差は3です。2つのピッチクラス・セットはどちらもピッチクラス間に4と3の差をもつことが分かります。

　この2つのピッチクラス・セット [0, 4, 7] と [10, 2, 5] は、前者にあ

---

9) ピッチクラス・セット理論では通常3つ以上の音の集合をピッチクラス・セットとして扱う。無調音楽において、ある2音を意味のあるまとまりとして選択する根拠の提示が難しいため、2音からなる音の集合が分析対象となることは稀である。

る整数を足すことで同じかたちになります。この操作を「移置」と言います。ピッチクラス・セット [0, 4, 7] のそれぞれのピッチクラスに 10 を足すと [10, 14, 17] です。「10」という数は [0, 4, 7] を [10, 2, 5] に変形するさいに、はじめのセットのそれぞれの要素が次のセットの対応する要素に変形されるための距離です。オクターヴ等価の原則により、12 より大きな数はオクターヴ低い音に代えます。14 と 17 から 12（つまりオクターヴ）を引くと、それぞれ 2 と 5 になり、[10, 2, 5] と計算されました。このピッチクラスの計算を移置 T と足した数 10 を用いて T_{10} と表し、ピッチクラス・セット [0, 4, 7] と [10, 2, 5] が T_{10} の移置の操作で同等のハーモニーだと分析します。したがって、ピッチクラス・セット理論で移置の操作とは、調性音楽での移調にあたるものです。

次に、「転回」の操作をみていきましょう。ヴェーベルン作曲の《9つの楽器のための協奏曲》第 2 楽章の冒頭には、無調音楽に特徴的な三和音が登場します。この曲は音列技法でも分析できますが、ここではその冒頭の三和音を使ってピッチクラス・セット理論の「転回」の操作を説明します。冒頭には「ソシシ♭」「レ♯レファ♯」「ミファレ♭」、「ドラ♭ラ」という 4 つの三和音が登場します。この 4 つの和音は明らかに不協和音程を含む三和音です。響きはすべて異なりますが、じつは、この 4 つの和音はピッチクラス・セット理論ではすべて同じ性質をもつグループとみなすことができます。

それではこの三和音をピッチクラスで表しましょう。ピッチクラスに変換すると 4 つの和音は [7, 11, 10] [3, 2, 6] [4, 5, 1] [0, 8, 9] となります。ただし、ピッチクラス・セット理論では、基本的にピッチクラス・セット内の要素の順序を考慮せずに、左側の数が一番小さくなるよう並び替えるという原則があるので、それにしたがうと、それぞれ [7, 10, 11] [2, 3, 6] [1, 4, 5] [0, 8, 9] となります。このなかで、最初と最後の 2 つの三和音の

---

10) ピッチクラスはオクターヴ等価なので、0, 1, 2 … 9, 10, 11 の次は、12, 13, 14 … と数えることも、0, 1, 2 … と数えることもできる。シ♭からレへの距離を数えるときには、ひとつ上の音域のレが一番近いので、2（レ）に 1 オクターヴ分の 12 を足した 14（上の音域のレ）を用いる。すると、10（シ♭）と 14（レ）の差は 4 になる。したがって、ピッチクラス 10 と 2 の間の差は 4 と計算される。

関係をピッチクラス・セット理論で比較してみましょう。最後の和音「ドラ♭ラ」のピッチクラス・セット［0, 8, 9］に転回の操作を加えてみます。

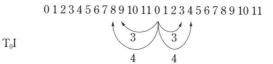

図3　0を対称軸としたピッチクラスの転回

T_7　［0, 3, 4］　　「ドラ♭ラ」を0を中心に転回したピッチクラス・セット
　　　↓↓↓
　　　［7, 10, 11］　「ソシシ♭」のピッチクラス・セット

図4　転回のあとの移置

　転回は鏡写しの操作です。図3のように、まず［0, 8, 9］を0を対称軸にしてひっくり返します。すると、0は同じ0に、8は12（0）から数えて4半音高い4に、9は12（0）から数えて3半音高い3に変換されます。すると、［0, 8, 9］は［0, 3, 4］のピッチクラス・セットになります。これを、T_0I（移置0の転回）と表します。

　この［0, 3, 4］にT_7の操作を加えると、［7, 10, 11］になります。4つの和音のうち最初の和音「ソシシ♭」をピッチクラスで表すと［7, 11, 10］でした。ピッチクラス・セット内の要素の順序を入れ替えると、［0, 3, 4］にT_7の操作を加えたときの［7, 10, 11］になります。すなわち、「ドラ♭ラ」という和音は、転回と移置の操作で、「ソシシ♭」という和音になることが分かります。「ドラ♭ラ」という和音と「ソシシ♭」という和音はどちらも［0, 3, 4］という数学的に同等の[11]ピッチクラス・セットであるという結論が得られます。12音技法においては、基本形とその移高形や反行形が同じ音程内容をもつことから、それらが基本形からなっていることを私たちは理解しています。ピッチクラス・セット理論では、セット内の要素の順番を考慮しない点で12音技法と同じではありませんが、同じような操作が行われています。ここでは、ピッチクラス・セット［7,

11, 10] と [0, 8, 9] のみを比較しましたが、ピッチクラス・セット理論を用いると、じつは4つのピッチクラス・セット [7, 11, 10] [3, 2, 6] [4, 5, 1] [0, 8, 9] のすべてが共通する音程の性質をもつと分析できます。

さて、移置と転回の操作で複数のピッチクラス・セットを比較するさい、それぞれのピッチクラス・セットを比較しやすいようにピッチクラス・セット内の要素の並び替えを行いました。一見異なる複数の和音の間に、じつは共通する性質が存在するということをみつけやすくするためです。この並び替えを行うと何が明らかになるのかをみてみましょう。

譜例1　ベルクのオペラ《ヴォツェック》（作品7）第2幕、第313〜314小節

譜例2　スクリャービン《ピアノ・ソナタ第9番》（作品68）第5小節

譜例1と2は、ベルクのオペラ《ヴォツェック》（作品7）の第2幕、第313〜314小節のピッチクラス・セットα [1, 3, 5, 8, 9, 11] と、スクリャービン《ピアノ・ソナタ第9番》（作品68）第5小節のピッチクラス・セットβ [1, 3, 5, 7, 10, 11] です。αとβを比較しやすいようにそれ

---

11) ピッチクラス・セット理論では移置や転回といった操作によってあるセットが別のセットと写像（mapping）の関係にあることを「〜の操作により同等」と言う。写像とは数学の用語。ある集合XとYがあるときに、Xのそれぞれの要素（数学用語では元と言う）にYの要素をひとつずつ対応させる規則が与えられているときに、この対応の規則をXからYへの写像と言う。ここではピッチクラス・セット [0, 8, 9] という集合のそれぞれの要素0, 8, 9に [0, 3, 4] の要素0, 3, 4を転回の操作によってひとつずつ対応させることができる。[7, 10, 11] もそれぞれの要素に [0, 3, 4] のそれぞれの要素を移置によって対応させることができる。

ぞれ並び替えると、[8, 9, 11, 1, 3, 5] と [10, 11, 1, 3, 5, 7] となります。詳しい手順は省略しますが、この並べ方を「正規の順序」といいます。この2つのピッチクラス・セットにさらに操作を加えます。移置の操作を用いると、α [8, 9, 11, 1, 3, 5] は T_4 の操作により [0, 1, 3, 5, 7, 9] になり、β [10, 11, 1, 3, 5, 7] は T_2 の操作により [0, 1, 3, 5, 7, 9] になります。つまり正規の順序を0から始まるかたちに書き換えると同一の [0, 1, 3, 5, 7, 9] が現れます。この左端が0から始まる並べ方を「原型」といいます。原型の表記はコンマを使用せず、(013579) という風に記載します。原型に還元すると、ピッチクラス・セットどうしが共通する性質をもつかどうかが明確になります。ピッチクラス・セットβ [10, 11, 1, 3, 5, 7] は4度音程を6回重ねることでつくられる「神秘和音」と呼ばれるスクリャービンの特徴的な和音をつくりますが、原型が同じピッチクラス・セットがじつはベルクの《ヴォツェック》にもみられるという結果が得られました[12]。

このように、ピッチクラス・セット理論は、調性音楽における和音や旋律に相当する音のまとまりをピッチクラスに置き換えて、数字の組み合わせによってポスト調性音楽の「ハーモニー」を分析します。そして、数字の組み合わせを原型という同じ性質をもつ音のまとまりを代表するかたちに還元します。原型という考え方を用いると、作曲の技法として用いる場合には、調性音楽におけるモチーフと展開のように、同じ音程の特徴をもつ「ハーモニー」を異なるかたちで用いることが容易になり、音楽を展開させながら楽曲に統一性をもたらすことができます。一方、分析に用いる場合には、音楽のなかの規則性をみつけることができます。ひとつの原型は、最大で24個のピッチクラス・セットを代表します[13]。すると、24個のピッチクラス・セットをひとつの原型で表すことができ、無調音楽の膨大な数の「ハーモニー」を効率的に分析することが可能になります。このように、フォートは原型を用いることで、無調音楽に存在する大量の「ハーモニー」を音程の性質によって分類しようとしたのです。結果とし

---

12) 本節で紹介する、スクリャービンの「神秘和音」と原型が同じピッチクラス・セットが、ベルクのオペラ《ヴォツェック》にみられるという論は、Forte (1973, 28) に基づく。

て、ピッチクラス・セット理論は、さまざまな作曲家の作品をひとつの体系的な音楽理論で分析できるようになりました。こうした、人間の感情に左右されずに数値が同じものは同等とみなす傾向は、とくに1970年代の時代性を反映していると考えられます。時代とのかかわりについては、第6節で紹介するので、次の第4節では、ピッチクラス・セットによって明らかになったポスト調性音楽の「ハーモニー」をみていきましょう。

4. ポスト調性音楽の「ハーモニー」

　ピッチクラス・セット理論は雑多なポスト調性音楽の「ハーモニー」を整理するために数字を使った分析方法です。では、この理論によってポスト調性音楽のどのような「ハーモニー」が明らかにされたのでしょうか。また、それは調性音楽のハーモニーとどのように異なるのでしょう。たしかに、ポスト調性音楽の「ハーモニー」には、私たちが親しんだ調性音楽の和音もあります。ただし、アメリカの音楽理論家のジョゼフ・シュトラウスは、「調」「調の関係」「ダイアトニック音階」「三和音」は、ポスト調性音楽に存在しつつも使われ方が異なることを、ポスト調性理論で説明しています（Straus [1990] 2005, 130-31）。たとえば、長三和音、短三和音、といった調性理論で用いられる三和音は、ポスト調性音楽にもみられますが、機能をもちません。調性音楽では和音はトニック、ドミナント、サブドミナントといった機能をもち、最終的にはトニックに向かいたいという性質があります。しかし、ほとんどのポスト調性音楽では和音は機能をもたず、調性音楽で次に期待される和音に向かいません。したがって、聴き手は調性的な響きを感じてはいますが、調を特定することが困難です。

　こうした機能をもたない音のまとまりは、調性の響きだけでなく無調の

13）たとえば、原型が（02468T）のピッチクラス・セット［0, 2, 4, 6, 8, 10］のT_2による変形は［2, 4, 6, 8, 10, 0］だが、セット内の要素は同じなので、移置前と移置後のピッチクラス・セットは同一とみなされる（なお、原型のなかのTはピッチクラス10を意味する）。このような重複を除くと、原型（02468T）は［0, 2, 4, 6, 8, 10］と［1, 3, 5, 7, 9, 11］という2個のピッチクラス・セットのみを代表する。移置や転回による重複がない場合、原型に対してT_0～T_{11}、T_0I～$T_{11}I$の変形による24個のピッチクラス・セットが存在する。

響きまで含むと、膨大な種類になります。それを分類するためには、音を数字に置き換え、数字の組み合わせによって「ハーモニー」の性質を明らかにすることが有効だと考えられました。こうして生まれたのがピッチクラス・セット理論です。調性音楽での和音や旋律のまとまりをピッチクラス・セットに置き換えることもできます。では、なぜピッチクラス・セットという考え方を用いているのでしょうか。まず、フォート以降のピッチクラス・セット理論には、ピッチクラス・セット内のピッチクラスの順序は必ずしもそれらが演奏される順序を反映しない、というルールがあります。したがって、楽曲のなかの音のまとまりを、それが旋律であっても、和音であっても、どちらも同列に扱って分析するのです。ピッチクラス・セットは和音である場合も、旋律の一部である場合も、また、音楽における突出した音だけを抜き出した音のまとまりである場合もあります。つまり、調性音楽における「和音」という考え方よりもはるかに柔軟なのです。膨大な「ハーモニー」が存在するポスト調性音楽では、このように、和音という考え方を拡大した概念が必要とされたのです。

このような簡略化と数字による抽象化によって、ピッチクラス・セット理論はポスト調性音楽のなかでも、とくに無調音楽特有の「ハーモニー」をみつけることを目指しました。では、無調特有の「ハーモニー」にはどのようなものがあるのでしょうか。調性音楽に長音階や短音階というダイアトニックの集合があるように、無調音楽にも特有の集合があります。ここでは、「8音集合」という無調特有の「ハーモニー」を紹介します。

8音集合とは、ある特定の音程をもつ8つのピッチクラスからなる集合のことで、移置したり転回したりすると何度も自身に写像する（同じかたちになる）ことができます。ピッチクラス・セット [0, 1, 3, 4, 6, 7, 9, 10] は8音集合の例です。音名で表すと「ドド♯レ♯ミファ♯ソララ♯」です。これにT_3の操作を加えると、「レ♯ミファ♯ソララ♯ドド♯」となり、開始する音が異なるだけで、同じ音の組み合わせです。すなわち、移置後のピッチクラス・セットも [0, 1, 3, 4, 6, 7, 9, 10] という移置前と同じピッチクラス・セットです。T_6、T_9の操作を加えても同じです。また、転回したとしても、転回後のピッチクラス・セットがもつピッチクラスはもとのピッチクラス・セットと同じです。8音集合はベーラ・バルトー

ク、イーゴリ・ストラヴィンスキーといった作曲家のポスト調性音楽の作品のなかに見出されることが分かっています。必ずしも作曲家自身が8音集合の存在を知っていて使ったというわけではありません。ピッチクラス・セット理論によって8音集合という無調特有の「ハーモニー」の性質が数学的に証明されたのです。

5. 音楽現象に着目した理論の追究

　バビットが提唱しフォートが完成させたピッチクラス・セット理論は、難解な無調音楽の構造を理解するために、調性音楽の和音をセットという拡大した概念でとらえ、数学という別の領域の手法を借りて理論を発展させました。これはピュタゴラスの時代から音楽と数学が密接にかかわっていたことを振り返ると、ごく自然なことでした。この音楽現象に着目した理論の追究は、副産物として、異なる時代、異なる場所の、互いに交流のなかった作曲家の作品をも共通の座標軸で比較することを可能にしました。ピッチクラス・セット理論では、譜例1と2（本章173頁）のベルクとスクリャービンのように、関係の希薄な作曲家の作品も、ピッチクラス・セットを原型に還元するという厳密な論理展開で共通性を主張することができます。これは、作曲家の意図や作曲の背景を根拠にした音楽分析ではできなかったことです。

　フォートの哲学は、多くの音楽研究家の立場から離れ、最終的に楽譜や演奏に具現化された現象に注目しようというものでした。フォートは、無調音楽は人の感性を通して生み出されたので、調性音楽に数学的に美しい構造がのちに見出されたように、無調音楽にも作曲家本人すら意識していない「無調音楽の感性」そのものが数学的な構造としてみつかるはずだと信じていたのです。だから、手稿譜や手紙のような過去の情報の蓄積のなかではなく、楽譜の音符の配列のなかにこそ、無調音楽を特徴づける構造があるはずだと信じたのです。

6. ポスト調性理論を支えたもの

　音楽史学にとらわれない自由な音楽理論が生まれたのは、西洋音楽の歴史の浅いアメリカならではでしょう。ポスト調性理論は、当初、ヨーロッパの音楽や音楽理論の伝統に基づいてつくられましたが、その過程に北米独自の文化をつくろうという対抗心があったことはたしかです。ヨーロッパで生まれた12音技法は、アメリカではバビットの12音技法に代表されるように、数学的・論理的に正しい音楽理論を目指して展開されました。そのバビットの思想に影響を受けてつくられたピッチクラス・セット理論は、フォートらの手によって体系的で汎用性のある分析ツールとなりました。

　ヨーロッパ生まれの音楽理論が北米特有のかたちに発展したことは、第6章で触れられたハインリヒ・シェンカーによるシェンカー分析にもあてはまります。シェンカーはドイツ・オーストリアの偉大な作曲家たちの音楽を分析対象としましたが、その背景に汎ゲルマン主義の思想が根差していたことは否めません。それに対して、1960年代以降の北米ではそうしたイデオロギー的な側面は剥ぎ取られ、ある程度、誰もが同じように使うことのできる楽曲分析ツールとして、シェンカー分析が体系化されました。その結果、さまざまな調性音楽の分析に用いられるようになり、さらにはポスト調性音楽の分析にも応用されるようになりました。

　こうした北米の音楽理論の発展を支えた大きな要因は、インフラストラクチャーの整備です。戦後、圧倒的に豊かになった北米では、東海岸の大学の尽力で、『音楽理論誌 Journal of Music Theory』（1957 ～）、『新音楽展望 Perspectives of New Music』（1961 ～）、『音楽フォーラム The Music Forum』（1967 ～ 87）といったポスト調性理論にかんする論文の発表の場が整いました。また、1965年にアメリカで初めて音楽理論の博士課程がイェール大学に設立されて以降、各地の大学がポスト調性理論の研究者を次々と輩出しました。さらに、1977年に音楽理論学会が設立され、学会や機関誌という発表の場が増えました。その結果、ポスト調性理論の研究が盛んになったのみならず、北米の音楽理論はヨーロッパとは異なり、音楽学の一分野に留まらない独立した一領域になりました。

　こうした動きから読み取れるのは、戦後の北米の音楽理論家に、世界一

だという自負と、ヨーロッパへの憧れの両方が共存していたことです。ポスト調性理論の理論家たちは、客観的・体系的な北米らしい理論を目指す一方、正統的なヨーロッパの音楽理論をよりどころにしています。たとえば、バビットもフォートもシェンカー分析を引用しています。シェンカー分析は楽曲を、そのもっとも原初的な構造からの展開と考え、分析ではその原初的な構造を明らかにするために、「前景」にあたる楽譜から、複数の「中景」を経て、もっとも基本的な「後景」へと還元します。バビットは自身の組み合わせ論を用いた12音技法の説明のなかで、6音単位での（12のピッチすべてを含む）集積の配置が、「前景」と「後景」との間の「中景」構造を支えていると述べ、シェンカーの階層構造を引用しています（Babbitt 1961b, 82）。またフォートは、ピッチクラス・セット理論と、（シェンカー分析に起源をもつ）無調音楽の声部進行をみる方法とを組み合わせた「リニア・アナリシス」を1988年に発表しています（Forte 1988）。

さらに、フォートは新ウィーン楽派とストラヴィンスキーやバルトークなどの一部のポスト調性音楽を分析しましたが、より新しい音楽は分析しませんでした。さまざまな音楽を分析することのできる汎用性をもつにもかかわらず、フォートがヨーロッパで評価されている音楽のみを対象としたのは、彼が芸術音楽を扱う音楽理論の正統な継承者を目指したからだと言えるでしょう。20世紀の音楽理論は、北米で目覚ましい発展を遂げたにもかかわらず、ヨーロッパの伝統によりどころを求めるという2つの相反する面をもっていたと考えられます。

おわりに——20世紀のハーモニー

ポスト調性理論によって、20世紀のハーモニーのなかで、無調特有の「ハーモニー」が少しずつ明らかになってきました。全貌はまだ明らかになっていませんが、私たちはすでに、増4度や、跳躍で用いられる半音階、全音集合[14]、8音集合といった、無調らしい「ハーモニー」をつく

---

[14] 全音集合（Whole-tone Collection）とは原型が（02468T）となるピッチクラス・セットのこと。すなわち全音音階ドレミファ♯ソ♯ラ♯の集合である。なお、原型のなかのTはピッチクラス10を意味する。

るいくつかの手がかりをポスト調性理論から得ています。また、ポスト調性理論によって、20世紀の「ハーモニー」は必ずしも無調的な響きだけではなく、調性的な響きでありながら、機能をもたないというポスト調性音楽の「ハーモニー」も明らかになってきました。成功しているかどうかには議論の余地がありますが、「ハーモニー」を数学的・客観的に解明しようという試みは、20世紀後半特有の特徴のひとつです。ピッチクラス・セット理論の成立以降にも、「ネオ・リーマン理論」をはじめ、音楽の多様化に伴ってさまざまな理論が生み出されていますが、そうしたポスト調性理論の理論家たちの試みには、ポスト調性音楽特有の「ハーモニー」とは何かを明らかにしようという不断の努力があったのです。

引用文献

Babbitt, Milton. 1961a. "Past and Present Concepts of the Nature and Limits of Music," *Congress Report of the International Musicological Society* 8, 398-403. Reprinted in *The Collected Essays of Milton Babbitt*. Edited by Stephen Peles, et al., 78-85. Princeton: Princeton University Press, 2003.

—. 1961b. "Set Structure as a Compositional Determinant," *Journal of Music Theory* 5, no. 1, 72-94.

Forte, Allen. 1973. *The Structure of Atonal Music*. New Haven: Yale University Press.［日本語訳：『無調音楽の構造——ピッチクラス・セットの基本的な概念とその考察』森あかね訳、音楽之友社、2012年］

—. 1988. "New Approaches to the Linear Analysis of Music," *Journal of the American Musicological Society* 41, no. 2, 315-48.

Lessem, Alan P. 1988. "Teaching Americans Music: Some Émigré Composer Viewpoints, ca.1930-1955," *Journal of the Arnold Schoenberg Institute* 11, no. 1, 4-22.

Lewin, David. 1959. "Re: Intervallic Relations between Two Collections of Notes," *Journal of Music Theory* 3, no. 2, 298-301.

—. 1960. "The Intervallic Content of a Collection of Notes, Intervallic Relations between a Collection of Notes and its Complement: An Application to Schoenberg's Hexachordal Pieces," *Journal of Music Theory* 4, no. 1, 98-101.

—. 1987. *Generalized Musical Intervals and Transformations*. New Haven: Yale University Press.

Martino, Donald. 1961. "The Source Set and its Aggregate Formations," *Journal of Music Theory* 5, no. 2, 224-73.

Perle, George. [1962] 1991. *Serial Composition and Atonality: An Introduction to the Music of Schoenberg, Berg, and Webern*. 6th edition. Berkeley and Los Angeles: University of California Press.

Schuijer, Michiel. 2008. *Analyzing Atonal Music: Pitch-Class Set Theory and Its Contexts*. Rochester: University of Rochester Press.

Straus, Joseph N. [1990] 2005. *Introduction to Post-Tonal Theory*. 3rd edition. Upper Saddle River: Pearson.

おわりに
――和声理論からみえてくるもの――

　これまで私たちは、8つの章を通して、時代は古代ギリシャから現代まで、地域はイタリア、フランス、ドイツ、オーストリア、アメリカと広範囲にわたってハーモニー（和声）にかんする理論とその思想的特徴や背景を読んできました。「和声理論」というと、調性音楽、すなわち24の調における三和音や四和音（七の和音）、あるいはそれ以上の音による和音にかかわる理論だと思われがちですが、本書では、そのような狭義の和声を超えて、調性音楽が確立される前やポスト調性音楽においても独自のハーモニーの探究が行われてきたことを確認しました。それらを通して、時代によって協和音に対する考え方はもちろん、その基礎づけの方法が大きく異なることが浮き彫りになりました。ポスト調性音楽では、そもそも「協和とは何か」という問題さえもはや重要視されなくなり、別の基準があらたに作り出されようとするにいたるのです。

　ところで、いくつかみてきた和声理論にかんして、各章を超えた共通点があるとすれば、それは何でしょうか。特筆したいのは、和声理論という領域の学際性です。和声理論とは、和声という、音楽の一要素についての理論ですが、それを「理論化」しようとするさいには、必ず他分野の方法や価値観がよりどころとされています。算術や幾何学といった数学に始まり、ラモーの時代以降20世紀に入っても自然倍音という物理学的現象が理論の出発点となり、ポスト調性音楽になると再び集合論という数学の一領域が援用されます。また19世紀以降には、歴史や哲学の分野における知見や、音楽批評のような文学的領域が、和声理論にも影響を与えます。

　音楽はほかの多くの人間活動と同じく、時代や地域を超えた普遍的な特徴と、各時代や地域固有の特徴を兼ね備えています。その音楽を「理論化」するという行為もまた、すべての事象にあてはまるような法則をみつけるという普遍性を目指すものである一方で、人間による行為である以

上、絶対的な普遍性を獲得することはおそらく不可能でしょう。本書で挙げた理論家、作曲家、思想家たちは、数や自然現象を引き合いに出すことで普遍的な理論の獲得を目指しました。しかしご覧いただいたように、ときに恣意的な判断基準に拠っていたり、ひとつの価値観に固執して場合によっては迷走したり、19世紀に入ると歴史哲学を通して自分たちの価値体系を積極的に歴史化したり、あるいは「自分たちの民族の和声」なるものを創出しようとしたりといった「解釈」も、必ず入り込みました。その結果できあがったのは、その時代の多くの人間が共有することのできる価値観に基づく論、つまりその時代を象徴するような特徴をもち、さらには後世にとっても規範となるような理論であったと言えます。

ただし、本書でとり上げた和声理論だけが、各時代を象徴する理論であるわけではありません。和声理論を歴史的視点で考えるという見方に本書で初めて触れた人は、ぜひほかの和声理論も探ってみてください。興味深い理論がたくさんあります。もしかしたら皆さんのなかには、なぜ本書の登場人物たちが音程や和音を数比や自然倍音列から基礎づけたり、協和音と不協和音を区分する論理的な理由を探しているのか、なぜそこまでして音楽の神秘を解き明かそうとするのか、それ自体をそもそも疑問に思う方もいるかもしれません。そんなことは音楽のすばらしさとは関係がないのではないか、と思う方もいるかもしれません。しかし、それこそが西洋音楽の特徴であるとするならば、和声理論の歴史を知ることを通して、西洋音楽やその理論を吸収した私たち自身をも顧みるきっかけができるでしょう。

謝　辞

本書の原稿を読み通し、数々のご助言をくださった小寺未知留氏、佐藤広隆氏、清水久見氏、堀朋平氏、第8章の原稿にご助言くださった森あかね氏、そしてインタビューに応じてくださった今野哲也氏にこの場を借りてお礼申し上げます。また本書の構想から執筆までには、JSPS科研費 16K16718（研究代表者：西田紘子）および 17H07075（研究代表者：安川智子）の助成による研究成果が反映されています。

最後に、企画当初から最後まで編者の西田・安川と並走してくださった音楽之友社出版部の藤川高志氏のご尽力に感謝申し上げます。

人名索引

脚注に出てくる場合は、その頁数を斜体で示した。

【ア行】

アリストテレス　Aristoteles　31
ヴァーグナー、リヒャルト　Wagner, Richard　24, 25, 107, 111, 112, 122, 123, 145, 165
ヴェーベルン、アントン　Webern, Anton　150, 169, 171
エステーヴ、ピエール　Estève, Pierre　59　*64*
エッティンゲン、アルトゥール・フォン　Oettingen, Arthur von　99, 100　*99*
オイラー、レオンハルト　Euler, Leonhard　58, 59
オネゲル、アルテュール　Honegger, Arthur　123

【カ行】

カーター、エリオット　Carter, Elliott　165
カテル、シャルル゠シモン　Catel, Charles-Simon　71, 72, 74, 79, 80　*75*
カルヴォコレッシ、ミシェル・ディミトリ　Calvocoressi, Michel Dimitri　110, 111, 113
ギゾー、フランソワ・ピエール・ギョーム　Guizot, François Pierre Guillaume　83, 84
キュリー、マリー　Curie, Marie　123
キルンベルガー、ヨハン・フィリップ　Kirnberger, Johann Philipp　24, 69, 70
クーザン、ヴィクトール　Cousin, Victor　83, 84
グノー、シャルル゠フランソワ　Gounod, Charles-François　77
グレトリー、アンドレ゠エルネスト゠モデスト　Grétry, André-Ernest-Modeste　68, 69
ゲヴァールト（ヘファールト）、フランソワ゠オギュスト　Gevaert, François-Auguste　121, 122
ケックラン、シャルル　Koechlin, Charles　107, 119-21, 123, 124
ケルビーニ、ルイージ　Cherubini, Luigi　68, 75　*68*
ゴセック、フランソワ゠ジョゼフ　Gossec, François-Joseph　68　*68*

【サ行】

ザルリーノ、ジョゼッフォ　Zarlino, Gioseffo　25, 27-38, 42, 45, 46, 51　*33, 56*
サレット、ベルナール　Sarette, Bernard　68　*75*
シェンカー、ハインリヒ　Schenker, Heinrich　25, 27, 85, 126-42, 144, 148, 152, 155, 156, 158, 178, 179　*127, 136, 140*
シェーンベルク、アルノルト　Schoenberg, Arnold　24, 25, 27, 123, 130, 140, 142, 146-61, 165, 167, 169　*155, 160*
シュトックハウゼン、カールハインツ　Stockhausen, Karlheinz　165
シュトラウス、リヒャルト　Strauss, Richard　123
ショロン、アレクサンドル　Choron, Alexandre　75-77, 79-82
スクリャービン、アレクサンドル・ニコラエヴィチ　Skryabin, Aleksandr Nikolayevich　122, 173, 174, 177　*174*
ストラヴィンスキー、イーゴリ　Stravinsky, Igor　177, 179

人名索引

セール、ジャン＝アダン　Serre, Jean-Adam　64
ソヴール、ジョゼフ　Sauveur, Joseph　9, 10, 48, 51, 63
ゾルゲ、ゲオルグ・アンドレアス　Sorge, Georg Andreas　60

【タ行】

ダランベール、ジャン・ル・ロン　Alembert, Jean Le Rond d'　54, 55, 63-65, 67, 69, 112　*64*
タルティーニ、ジュゼッペ　Tartini, Giuseppe　59-65　*60, 61*
ダールハウス、カール　Dahlhaus, Carl　84　*81*
ダンディ、ヴァンサン　Indy, Vincent d'　27, 107-13, 146　*107, 108, 113*
ディドロ、ドゥニ　Diderot, Denis　55-59, 63, 65, 67　*57*
ティンクトーリス、ヨハネス　Tinctoris, Johannes　*42*
デカルト、ルネ　Descartes, René　10, 25, 28, 38-46, 48, 51, 54, 67　*39*
ドビュッシー、クロード　Debussy, Claude　24, 25, 107, 113-20, 122-24　*113*
ドルトゥス・ドゥ・メラン、ジャン＝ジャック　Dortous de Mairan, Jean-Jacques　52

【ナ行】

ニデルメイエール、ルイ　Niedermeyer, Louis　118
ニュートン、アイザック　Newton, Isaac　52, 67

【ハ行】

ハイドン、ヨーゼフ　Haydn, Joseph　77, 79
ハウプトマン、モーリッツ　Hauptmann, Moritz　99　*99*
バッハ、ヨハン・ゼバスティアン　Bach, Johann Sebastian　18, 24, 55, 112, 128, 133, 150, 152, 160　*160*
バビット、ミルトン　Babbitt, Milton　25, 164-69, 177-79　*169*
パール、ジョージ　Perle, George　165　*169*
バルトーク、ベーラ　Bartók, Béla　176, 179
ビゼー、ジョルジュ　Bizet, George　119
ビートルズ　Beatles, The　154
ピュタゴラス　Pythagoras　25, 28, 29, 31, 42, 177
ヒンデミット、パウル　Hindemith, Paul　165
ファヨル、フランソワ　Fayolle, François　75
フェティス、フランソワ＝ジョゼフ　Fétis, François-Joseph　27, 69, 71, 72, 75, 80-85, 122, 144　*81, 83*
フォート、アレン　Forte, Allen　25, 27, 164-69, 174, 176-79　*164, 167, 169*
フォーレ、ガブリエル　Fauré, Gabriel　107, 116-20, 124
ブラームス、ヨハネス　Brahms, Johannes　152, 160
フランク、セザール　Franck, César　77, 119
ブルクミュラー、ヨハン・フリードリヒ　Burgmüller, Johann Friedrich　131, 146
ブルゴー＝デュクドレー、ルイ　Bourgault-Ducoudray, Louis　121　*121*
フレーゲ、ゴットロープ　Frege, Gottlob　92, 93
ブーレーズ、ピエール　Boulez, Pierre　165
ベークマン、イサーク　Beeckman, Isaac　38　*45*
ヘーゲル、ゲオルク・ヴィルヘルム・フリードリヒ　Hegel, Georg Wilhelm Friedrich　83, 84　*83*
ベートーヴェン、ルートヴィヒ・ヴァン　Beethoven, Ludwig van　77, 112, 117, 118, 123
ヘファールト　→ゲヴァールト
ベルク、アルバン　Berg, Alban　150, 169, 173, 174, 177　*174*

ヘルムホルツ、ヘルマン・フォン　Helmholtz, Hermann von　59, 100, 102, 112-14, 116, 119, 122, 123
ベルリオーズ、エクトール　Berlioz, Hector　77, 117
ボエティウス、アニキウス・マンリウス・セウェリヌス　Boethius, Anicius Manlius Severinus　28, 29

【マ行】
マルティノ、ドナルド　Martino, Donald　169
マルノルド、ジャン　Marnold, Jean　107, 113-16, 118, 119, 122, 123
ミヨー、ダリウス　Milhaud, Darius　123, 124
メユール、エティエンヌ＝ニコラ　Méhul, Etienne-Nicolas　68　*68*
メルセンヌ、マラン　Mersenne, Marin　10, 43, 48　*43*
モーツァルト、ヴォルフガング・アマデウス　Mozart, Wolfgang Amadeus　77-80, 150
モンテヴェルディ、クラウディオ　Monteverdi, Claudio　76

【ラ行】
ラヴェル、モーリス　Ravel, Maurice　107
ラモー、ジャン＝フィリップ　Rameau, Jean-Philippe　10-12, 24, 25, 27, 48-56, 59, 60, 63-65, 69-76, 81, 106, 112, 113, 123, 124, 141, 182　*50, 52, 56, 73, 74*

ラロワ、ルイ　Laloy, Louis　113
ランドルミー、ポール　Landormy, Paul　110-13　*113*
リオンクール、ギー・ド　Lioncourt, Guy de　*107*
リッピウス、ヨハネス　Lippius, Johannes　*50*
リーマン、フーゴー　Riemann, Hugo　12, 24, 25, 27, 53, 85, 87-90, 92-94, 96-103, 105-08, 110-17, 119, 123, 126, 127, 140, 144, 158　*33, 52, 88, 95, 126*
ルーウィン、デイヴィッド　Lewin, David　164　*169*
ル・シュウール、ジャン＝フランソワ　Le Sueur, Jean-François　68
ルソー、ジャン＝ジャック　Rousseau, Jean-Jacques　55-59, 63, 65, 68
ルノルマン、ルネ　Lenormand, René　121, 122
レイ、ジャン＝バティスト　Rey, Jean-Baptiste　72-74, 80, 81
レイハ（レイシャ）、アントニーン（アントワーヌ）　Reicha, Antoine　75, 77, 78-80, 82　*75*
レッスム、アラン・P　Lessem, Alen P.　166
レティ、ルドルフ　Réti, Rudolph　*155*
ロッシーニ、ジョアキーノ　Rossini, Gioachino　80

【ワ行】
ワーグナー　→ヴァーグナー

事項索引

脚注に出てくる場合は、その頁数を斜体で示した。

【ア行】

移高（形）　160, 167, 172　*167, 169*
移置 transposition　169-74, 176　*169, 173, 175*
ウアザッツ Ursatz　128, 135, 136
オクターヴ等価 octave equivalence　168, 171　*171*
オクターヴの同一性　50
音階　2, 7, 12, 13, 16-18, 58, 63, 81-83, 89, 96, 108, 109, 117, 120-22, 129, 131, 136-38, 140, 141, 147, 152, 156-58　*72, 128, 152*
音感覚（論）　102, 114
音響学　48, 56, 63, 64, 80, 100, 102　*43*
音響数 numero sonoro　31-34, 38
音響体 corps sonore, corpo sonoro　34, 38, 51, 53-55, 60, 64, 65, 71, 72　*64*
音想像（論）　96, 100-103, 106　*101*
音程クラス interval class　170
音度 Stufe　13, 16, 51, 73, 94, 109, 126-30, 136, 140, 141　*128, 140*
音列技法　164, 165, 171

【カ行】

下属音　16, 140
下属和音　22, 87, 132, 139
カデンツ（終止形）　12, 77, 78, 106, 117, 119, 124
下方共鳴　88-90, 98, 100, 101, 108, 109
下方倍音（列）　→倍音（列）
完全終止　cadences parfaits　53, 54, 73, 78, 79
完全和音　accord parfait　50, 73, 78, 111
基音　10, 11, 40, 54, 60, 71, 108, 115, 119, 138, 152, 156-58　*64, 152*
偽終止 cadences rompues/interrompues　78, 79
基体 soggetto　31, 34, 38
機能 Funktion　16, 22, 25, 51, 73, 74, 87-90, 92, 93, 98, 100, 105-107, 111-14, 119, 146, 153, 175, 180
機能和声　4, 12, 22, 53, 87, 93, 105, 106, 115, 117, 126, 127, 163　*163*
基本形　20-23, 50, 51, 78
基本形（ピッチクラス・セットの）　172
基本和音　71
逆行（形）　159-61　*167*
教会旋法　18, 19, 117, 119-21　*116*
共鳴　9, 39, 41, 51-55, 64, 65, 88-90, 98, 100-102, 114, 119　*88*
協和音　8, 9, 11, 12, 25, 28-32, 35, 37-45, 50, 56, 59, 70, 71, 73, 76, 111, 115, 119, 121, 127, 145, 146, 148, 149, 182, 183　*42, 45*
協和音程　8-10, 14, 48, 56-59, 63, 81
ギリシャ旋法　18, 117, 119-21　*121*
近親（性）　25, 81, 87, 89, 93, 96-98, 100, 109, 112
経過音　130-32, 134, 135, 146, 148
形而上学　68, 69, 82, 83
掛留　70, 71
原型（ピッチクラス・セットの）prime form　169, 174, 177　*174, 175, 179*
後景 Hintergrund　179
五音音階　121, 122
根音　19-23, 50-52, 60, 61, 72, 73, 79, 88, 108, 138, 139　*72, 128, 140, 155*
根音バス basse fondamentale　49-51, 53-55, 60, 71-74　*49*

【サ行】

差音　59-61, 64, 65　*60*

サブセット　167　*167*
サブドミナント　16, 22, 50, 54, 71, 73, 74, 76, 87-89, 92, 93, 96, 105, 106, 110-13, 175　*74*
算術分割　33
三和音　19-21, 23, 71, 79, 88, 89, 94-97, 100, 108, 116, 121, 132, 137, 139, 141, 145-47, 149, 171, 175, 182　*88, 99, 128*
シェンカー分析　127, 131, 135, 136, 178, 179
自然の共鳴 résonnace, Klang　9, 119
自然倍音（列）→倍音（列）
自然和声　71, 72, 79
七の和音　20, 22, 50, 51, 71, 73, 74, 79, 110, 115, 119, 123, 124, 145, 148, 149, 182　*72, 113*
終止形　→カデンツ
12音音楽　165, 167, 168
12音音列　167
12音技法　25, 158-61, 163, 165-69, 172, 178, 179　*167, 169*
主音　16-18, 96, 116, 117, 129, 137, 154, 155, 158　*16, 72, 95, 152, 155*
主要音 son prime　88, 89, 96, 97, 108
主和音（トニック和音）　22, 72-74, 78, 81, 87, 91, 92, 96, 115, 123, 127-32, 148, 149, 153, 155, 169, 170　*155*
主和音化 Tonikalisierung　127-29
上方共鳴　9, 88-90, 98, 100, 101, 108, 109
上方倍音（列）→倍音（列）
「進行」と「転換」Schritt, Wechsel　93-96
人工和声　71
神秘和音 mystic chord　122, 174　*174*
スコラ・カントルム　107　*113*
正規の順序 normal order　169, 174
全音階　→ダイアトニック音階
全音集合 whole-tone collection　179　*179*
前景 Vordergrund　179
旋法 mode　16-19, 32, 76, 109, 116-21, 123　*76, 116*
旋法和声　110, 116-19, 122, 124
層　126, 136
属音　16, 51　*72*
属七の和音　3, 22, 50, 51, 71-74, 76, 81, 115, 123, 129, 146, 149　*72*
属和音（ドミナント和音）　22, 78, 87, 123　*74*

【タ行】
ダイアトニック音階（全音階）　13-15, 17, 23, 121, 122, 128, 129, 138-40, 175　*95*
対位法　12, 31, 75, 117, 119, 160　*42, 116*
代理 Vertretung　98, 100-102
単一調性 monotonality　153, 154
短音階　17-19, 110, 176　*110*
短三和音　11, 19, 23, 25, 32, 33, 50-53, 57, 59, 61, 64, 72, 88, 90, 94, 96, 98-101, 108, 110, 111, 121, 145, 175　*11, 64, 73, 95, 99*
単純和声　71, 79
中景 Mittelgrund　179
中全音律　57
調域 region　153, 154
長音階　17-19, 108, 117, 176
長三和音　10, 11, 19, 23, 25, 32, 33, 50-53, 56, 57, 59, 61, 64, 65, 72, 88, 94, 96, 98, 99, 101, 108, 121, 136, 138, 140, 145, 175　*11, 72, 73, 95, 99*
調性 tonalité, tonality, Tonalität　12, 13, 16, 18, 25, 32, 54, 69, 75, 76, 80-84, 111, 116, 118, 121, 137, 144, 146, 150-55, 175, 180　*81, 152, 155, 163*
調性音楽　12, 22, 127, 136, 152, 153, 163, 169, 171, 174-78, 182
調的和声　12, 25, 73, 76, 78, 80, 158, 159, 161, 163
調和分割　33, 56, 61, 62　*56*
通奏低音 basse continue　21, 49, 50, 71　*108*
低弦の共鳴実験　64
転回（形）（音程や和音の）　21, 22, 50, 51, 71, 74, 78-81, 113, 120, 132　*50, 113*
転回（ピッチクラス・セットの） inversion　169, 171-73, 176　*167, 169, 173, 175*
転調 modulation　64, 76, 81, 88, 90, 92, 93, 113, 119, 129, 130, 153　*153*
導音　81, 95, 96, 117, 120, 124　*72, 95*
導七の和音　71, 72
トータル・セリエリズム　163, 165

トニック　16, 22, 53, 71, 73, 76, 79, 81, 87, 90, 92, 93, 96, 97, 105, 111, 113, 115–17, 175
トニック和音　→主和音
ドミナント　16, 22, 53, 71, 73, 76, 87–90, 92, 93, 96, 105, 106, 110–13, 115, 175
ドミナント・トニック　50, 51
ドミナント和音　→属和音
トリスタン和音　111

【ナ行】
ネオ・リーマン理論　87, 92–94, 97, 180　*97, 126, 164*

【ハ行】
倍音（列）　8–11, 25, 39–43, 46, 48, 51, 52, 54–56, 58–60, 64, 65, 98–100, 107, 108, 110, 111, 115, 119, 122, 136–41, 155–58, 182, 183　*43, 52, 64, 136, 156*
8音集合 octatonic collection　176, 177, 179
発展的変奏 developing variation　159–61
半音階法　128–30
反行（形）　160, 161, 167, 172　*167, 169*
反行（の）逆行（形）　160, 161　*167*
半終止 demi-cadences　78
ピッチクラス　167, 170–72, 174, 176　*171, 175, 179*
ピッチクラス・セット　170–77　*170, 173–75, 179*
ピッチクラス・セット理論　164–69, 171–80　*164, 167, 169, 170, 173*
ピュタゴラス派　28–31, 33, 37, 42, 45, 63
非和声音　85, 131, 146–49
不協和音　12, 25, 37, 42, 44, 50, 62, 63, 70, 71, 73, 74, 88, 111, 114, 120, 124, 127, 134, 145, 146, 148–50, 158, 183
不協和音程　8, 9, 20, 57, 58, 63, 74, 76, 81, 171
不協和音の解放　145, 149
複合和声　71
ブフォン論争　*55*
平均律　14, 35
変形理論　164　*164*
補集合 complement　167　*167*
ポスト調性音楽　144, 162, 164, 174–80, 182
ポスト調性理論 post-tonal theory　163, 164, 166, 175, 178–80

【マ行】
無調　150–53, 158, 163, 169, 175, 177, 179, 180
無調音楽 atonal music　12, 150, 161–64, 168, 169, 171, 174, 176, 177, 179　*163, 164, 170*
モノコルド　29, 30, 34, 51, 54, 71, 79, 81, 141　*71*

【ヤ行】
呼びかけの協和音程 consonances appellatives　81
呼びかけの和音 accords appellatifs　73
四科 quadrivium　29, 33, 34, 38, 48, 67

【ワ行】
和声的調性　84　*81*
和声二元論　32, 89, 98–100, 107, 108　*33*

著者紹介

■——編著者

西田紘子（にしだ・ひろこ）
　九州大学大学院芸術工学研究院准教授。ロータリー財団奨学金を得て2005年より2年間、ウィーン音楽演劇大学博士課程で音楽理論・分析を学ぶ。2009年、東京藝術大学大学院音楽研究科博士後期課程（音楽学専攻）修了。博士（音楽学）。著書『ハインリヒ・シェンカーの音楽思想——楽曲分析を超えて』（九州大学出版会、2018年）のほか、共訳書にA. ハルム『フーガとソナタ——音楽の2つの文化について』（音楽之友社、2017年）など。

安川智子（やすかわ・ともこ）
　北里大学一般教育部専任講師。パリ・ソルボンヌ（パリ4）大学メトリーズ課程修了。2008年、東京藝術大学大学院音楽研究科博士後期課程（音楽学専攻）修了。博士（音楽学）。訳書にフランソワ・ポルシル『ベル・エポックの音楽家たち』（水声社、2016年）、共著書に『マラルメの現在』（水声社、2013年）、共訳書にJ. L. R. ダランベール『ラモー氏の原理に基づく音楽理論と実践の基礎』（春秋社、2012年）など。

◆——著者

大愛崇晴（おおあい・たかはる）
　同志社大学文学部准教授。2005〜06年、イタリア政府奨学生としてボローニャ大学で16〜17世紀の西洋音楽思想を学ぶ。2009年、東京大学大学院人文社会系研究科博士課程（美学芸術学）修了。博士（文学）。日本学術振興会特別研究員（PD）、東京大学大学院人文社会系研究科助教を経て、2013年より現職。共著書に『カルチャー・ミックスII——「文化交換」の美学応用編』（晃洋書房、2018年）。

関本菜穂子（せきもと・なほこ）
　2009年、東京藝術大学大学院音楽研究科博士後期課程（音楽学専攻）修了。博士（音楽学）。ロータリー財団奨学金（2004〜05年）、フランス政府給費（2006〜08年）、ロームミュージックファンデーション奨学金（2008〜12年）を得て、パリ・ソルボンヌ（パリ4）大学博士課程で音楽理論史を学ぶ。2006年、パリ・ソルボンヌ大学修士課程修了。共訳書にJ. L. R. ダランベール『ラモー氏の原理に基づく音楽理論と実践の基礎』（春秋社、2012年）。

日比美和子（ひび・みわこ）
　東京藝術大学大学院在学中に、日本学術振興会の支援を得て2010年より1年間、ニューヨークのコロンビア大学大学院にて音楽理論を学ぶ。2013年、東京藝術大学大学院音楽研究科博士後期課程（音楽学専攻）修了。博士（音楽学）。2015年渡米。ニューヨーク、ロサンゼルスを経て現在サンフランシスコ在住。イーストベイの私立学校で講師を務める傍ら、曲目解説やCDライナーノーツの執筆、米国の主要都市でクラシック音楽のレクチャーを行う。

ハーモニー探究の歴史
思想としての和声理論

2019年1月31日　第1刷発行
2021年8月31日　第4刷発行

編著者　西田　紘子
　　　　安川　智子
著　者　大愛　崇晴
　　　　関本　菜穂子
　　　　日比　美和子

発行者　堀内　久美雄

発行所　株式会社　音楽之友社
〒162-8716　東京都新宿区神楽坂6-30
電話　03-3235-2111(代)
振替　00170-4-196250
https://www.ongakunotomo.co.jp/

楽譜浄書：スタイルノート
組版・印刷：藤原印刷／製本：ブロケード
ブックデザイン：渡辺美知子

© 2019 by Hiroko Nishida, Tomoko Yasukawa et al.
Printed in Japan
ISBN978-4-276-10254-5　C1073

本書の全部または一部のコピー、スキャン、デジタル化等の無断複製は著作権法上での例外を除き禁じられています。また、購入者以外の代行業者等、第三者による本書のスキャンやデジタル化は、たとえ個人や家庭内での利用であっても著作権法上認められておりません。

落丁本・乱丁本はお取り替えいたします。

関連書籍 ━━━━━━━━━━━━━━━━━━━━━━ 音楽之友社

理論・方法・分析から
調性音楽を読む本

アンリ・ゴナール 著　藤田 茂 訳

フランスの学問的伝統に立ち、「調性音楽とは何か」を読者とともに見つめ直す思索の書。ぜひ知っておくべき基本的事項（音程と協和、長調と短調等々）を綿密に再検討する。

A5判・152頁　　定価3,190円（本体2,900円＋税10％）　　　　ISBN978-4-276-10162-3

自然の諸原理に還元された
和声論

ジャン＝フィリップ・ラモー 著　伊藤友計 訳

近代和声学の始まりを告げる記念碑的著作の初邦訳出版。全4巻からなり、前半2巻が思弁的内容、後半2巻が実践的内容に重点を置いた構成。「音楽は音の科学である」というテーマが全編を貫いている。

B5判・376頁　　定価8,800円（本体8,000円＋税10％）　　　　ISBN978-4-276-10303-0

調性音楽のシェンカー分析

アレン・キャドウォーラダー、デイヴィッド・ガニェ 著
角倉一朗 訳

シェンカー分析は、楽曲をそのもっとも原初的な構造からの展開として捉える。本書は、第1部で旋律、和声、対位法の側面からシェンカー分析の基本を説明、第2部で主要な形式別に実作を分析。

B5判・496頁　　定価10,450円（本体9,500円＋税10％）　　　ISBN978-4-276-10161-6

ピストン
デヴォート　## 和声法
　　　　　分析と実習

ピストン 著　デヴォート 増補改訂　角倉一朗 訳

アメリカの大学で広く使用されている和声法教本の全訳。和声にかぎらず、リズム・旋律・構造についても論じており、18世紀～20世紀初頭の西洋音楽のしくみを総合的に理解することができる。

B5判・592頁　　定価13,200円（本体12,000円＋税10％）　　　ISBN978-4-276-10321-4

お問い合わせ：営業部 03(3235)2151　最新情報は https://www.ongakunotomo.co.jp/ をご覧ください。
定価は重版等により予告なく改定されることがありますので、ご了承ください。